초등학생을 위한
인물 한국사

초등학생을 위한 인물 한국사 ❹

초판 1쇄 발행 · 2014년 2월 28일
개정판 1쇄 발행 · 2024년 5월 8일

글쓴이 · 윤희진
그린이 · 이경석
발행인 · 이종원
발행처 · 길벗스쿨
출판사 등록일 · 2006년 6월 16일
주소 · 서울시 마포구 월드컵로 10길 56(서교동)
대표전화 · (02)332-0931 | **팩스** · (02)322-3895
홈페이지 · www.gilbutschool.co.kr | **이메일** · gilbut@gilbut.co.kr

기획 · 박수선 | **편집관리** · 김언수 | **제작** · 이준호, 손일순
마케팅 · 지하영 | **영업유통** · 진창섭 | **영업관리** · 정경화 | **독자지원** · 윤정아

표지디자인 · 이현숙 | **본문디자인** · 윤현이 | **정보면그림** · 최미란 | **인쇄 및 제본** · 상지사피앤비

ⓒ 윤희진, 이경석 2014

잘못 만든 책은 구입한 서점에서 바꿔 드립니다.
이 책은 저작권법에 따라 보호받는 저작물이므로 무단전재와 무단복제를 금합니다.
이 책의 전부 또는 일부를 이용하려면 반드시 사전에 저작권자와 길벗스쿨의 서면 동의를 받아야 합니다.

ISBN 979-11-6406-746-6 (74910)
979-11-6406-742-8 SET
(길벗스쿨 도서번호 200427)

제 품 명 : 초등학생을 위한 인물 한국사 4	주　　소 : 서울시 마포구 월드컵로 10길 56 (서교동)
제조사명 : 길벗스쿨	전화번호 : 02-332-0931
제조국명 : 대한민국	제조년월 : 판권에 별도 표기
사용연령 : 8세 이상	KC마크는 이 제품이 공통안전기준에 적합하였음을 의미합니다.

초등학생을 위한
인물 한국사

4 조선 ⑥ 영조~최제우

윤희진 글 이경석 그림
서울대 뿌리깊은 역사나무 감수

길벗스쿨

감수·추천의 글

인물 이야기로
역사 공부를 시작하세요

초등학생 가운데에는 이렇게 묻는 친구들이 많습니다.

"역사가 저에게 무슨 의미가 있나요?"

"역사 드라마나 영화는 재미있는데, 왜 학교 역사책은 재미가 없나요?"

저도 역사를 가르치는 사람입니다만, 이런 질문 앞에서는 말문이 막히곤 합니다. 역사 공부의 의미를 일깨우는 것은 물론, 재미있게 역사를 알려 줄 수만 있다면 얼마나 좋을까요?

그런 가운데《초등학생을 위한 인물 한국사》를 만나 무척 반가웠습니다.

우선, 딱딱한 역사 사실을 공부하기보다는 인물의 삶을 직접 들여다보며 역사의 흐름을 익히면 역사와 쉽게 친해질 수 있습니다. 초등학교 교과서로 역사를 접하기 전에 미리《초등학생을 위한 인물 한국사》를 읽으면, 역사 공부에 흥미를 갖는 동시에 한국사의 흐름을 한눈에 파악할 수 있을 것입니다.

그리고《초등학생을 위한 인물 한국사》는 역사를 바로 보는 힘을 키워 줍니다. 대부분의 위인전들이 인물에 대한 칭찬 일색이라면, 이 책은 인물을 공정하게 바라봅니다. 또 "그 상황 속에 내가 있었다면 어떤 선택을 했을까?" 하고 독자가 스스로 판단해 보도록 유도합니다. 인물과 사건을 바라보면서 생각하는 힘을 키우는 것, 그것이 역사를 공부하는 진정한 의의 아닐까요?

여러분들은 이 책에서 역사 속 인물들을 생생하게 만날 수 있습니다. 그중에는 단군, 세종 같은 위대한 왕도 있지만, 여성·노비·화가 등 보통의 백성이나 사회적 약자들도 있습니다.

이처럼 우리 역사를 이끌어 온 것은 힘 있는 몇몇이 아니라, 자기 자리에서 늘 열심히 살아온 백성들과 다양한 분야에서 활동했던 인물들이지요. 역사에 이름을 남긴 인물들도 따지고 보면 여러분과 크게 다르지 않습니다. 태어날 때부터 비범한 재주를 지녀서 역사에 이름을 남겼다기보다는 꿈을 꾸고, 이를 위해 부지런히 공부하고 일하였기 때문에 지금까지 우리가 기억하는 것입니다.

이 책을 읽으며 한국사를 이끈 인물들이 어떤 꿈을 꾸었는지, 나라와 사회와 인류를 위해 무슨 일을 했는지를 살펴보세요. 자연스레 "나는 앞으로 무슨 일을 하며 세상에 어떻게 이바지할까?"를 되묻게 될 겁니다. 그러는 사이 여러분들도 이웃과 더불어 세상에 이바지하는 어른으로 훌쩍 자라나 있을 것입니다.

'서울대학교 뿌리깊은 역사나무'를 대표하여

김태웅

머리말

옛사람들의 기록을 찾아 해석하며
역사 탐정 놀이를 해 볼까?

역사란 무엇일까? 뭐, 재미없는 암기 과목? 어려운 한자어를 많이 외워야 하는 공부라고?

엄마는 역사란 우리보다 먼저 살았던 사람들의 이야기라고 생각해. 그러니까 가깝게는 아빠의 아버지, 그리고 그 아버지, 또 엄마의 어머니, 그리고 그 어머니……. 이런 분들이 어떻게 살아왔나를 알려 주는 이야기라는 거지. 물론 그분들이 어떻게 살았는지 모두 다 알 수는 없어. 매일 일기처럼 써 둔 기록들이 전하는 것도 아니고.

그런데 이 책에서 다루는 역사 인물인 단군이나 광개토 대왕, 세종 대왕은 오랜 옛날 사람들이긴 하지만 그들에 대한 기록이 남아 있어. 그 기록을 통해 그들과 주변 사람들이 어떻게 살았는지 짐작하고, 또 어떤 일을 겪었는지, 어떤 일을 했는지도 알 수 있는 거야.

그런 이야기를 왜 알아야 하냐고? 생각해 봐. 너도 네가 쓴 옛날 일기장을 다시 들춰 본 적이 있을 거야. 그러면 지금의 네 모습과 비교가 되기도 하고, 반성하는 마음이 생기기도 하지?

마찬가지야. 옛사람들의 삶을 살펴보면서 나라면 어떻게 했을까 생각해 보고, 긴 역사 속의 한 사람으로서 어떻게 살아가야 할지 고민해 보는 것, 그게 역사를 공부하는 진짜 이유 아닐까?

　이제부터 우리 역사 속 인물들의 기록을 하나하나 찾아보면서 우리나라 역사 전체의 모습을 완성해 보려 해. 우리 역사 속에는 수많은 인물들이 있지만, 이 다섯 권의 책에서는 교과서에 나와 있는 인물들을 중심으로 단군에서 김구까지 총 58명을 만나 볼 거야.

　참, 여기서 역사의 비밀 한 가지! 역사는 오래전에 쓰인 기록을 읽고 그 의미를 따져 보는 학문이야. 그러니 그 기록을 누가 썼고 또 왜 썼는지에 대해서 꼭 생각해 봐야 해. 어떤 의도를 가지고 그 기록을 썼는지 알아야 한다는 거야. 일부러 그 인물에 대해 나쁜 이야기를 쓴 경우도 있고, 또 과장해서 칭찬을 한 경우도 있으니까 탐정처럼 꼼꼼히 잘 살피며 따지자고! 그게 역사를 읽는 또 다른 재미이지.

　자, 역사 탐정 놀이를 할 준비가 됐니? 이제 본격적으로 이 땅에 살았던 사람들을 만나러 떠나 볼까?

윤희진

차례

감수·추천의 글
머리말

영조, 탕평책을 펴서 왕권을 강화하다 10

정조, 강력한 왕권으로 조선을 개혁하다 24

이익, 실학의 큰 스승이 되다 36

김만덕, 백성들을 위해 전 재산을 내놓다 46

김홍도, 백성들의 삶을 화폭에 담다 56

이승훈, 조선인 처음으로 천주교 세례를 받다 66

박지원, 조선 최고 베스트셀러 작가가 되다 78

정약용, 유배지에서 큰 학문을 이루다 90

홍경래, 가난한 백성들의 영웅이 되다 102

김정호, 최고의 지도 〈대동여지도〉를 완성하다 112

최제우, 우리의 종교 동학을 창시하다 126

학습 정리 퀴즈 136
찾아보기 142
사진 출처·학습 정리 퀴즈 정답 144

> 선조 때부터 시작된 붕당 정치의 혼란 속에서 어렵사리 제21대 임금의 자리에 오른 영조는 붕당 대립을 잠재울 정책을 펴는데…….

영조,
탕평책을 펴서 왕권을 강화하다

청나라를 공격하자고 주장하던 효종이 죽자, 그의 아들 현종이 왕위를 이었고, 현종의 뒤를 이어 숙종이 조선 제19대 왕이 되었어.

그런데 숙종이 나라를 다스리던 무렵은 정치가 많이 혼란스러웠어. 좀 복잡하긴 한데, 잠시 이 이야기를 하고 넘어가자.

예전에 조선 제9대 왕 성종의 일생을 살펴보면서 훈구파와 사림파에 대해 말했던 거 기억나니? 음, 기억이 안 나도 괜찮아. 어려울 수 있는 내용이니 다시 한 번 알아보면 되지 뭐.

훈구파는 조선 제7대 왕 세조가 왕이 되도록 도와주고 큰 권력을 얻은 신하들이야. 그러나 훈구파가 지나치게 큰 권력을 휘두르자 성종은 이에 맞서 자신을 도울 세력으로 지방에서 글을 읽던 젊고 강직한 선비들을 조정으로 불러들였는데, 그게 사림파였지.

처음에는 사림파 세력이 약했어. 훈구파와의 권력 다툼에서 번번이 밀려 벼슬에서 쫓겨나거나 큰 피해를 입기도 했어. 그러다 드디어 전세 역전! 조선 제14대 왕 선조 때부터 사림파가 권력을 손에 쥐게 되었고, 그 뒤 조선의 정치는 계속 사림파의 손에 좌우되었지.

이처럼 사림파는 서로 힘을 똘똘 뭉쳐 훈구파에 맞섰지만, 사림파라고 해서 어떤 의견이든 다 같았던 건 아니야. 사림파 안에서도 생각이 비슷한 선비들끼리 무리가 지어졌는데, 이걸 붕당이라고 해. 발음이 웃기다고? '붕(朋, 친구)', '당(黨, 무리)', 그러니까 '뜻을 같이한 사람들의 모임' 정도로 이해하면 될 거야.

붕당이 처음 시작된 것은 선조 때였어. 이조 전랑*이라는 벼슬을 놓고 누구를 뽑을 것인가로 사림파 사이에서 의견이 나뉜 거야. 이때 한양 도성의 동쪽에 살던 김효원이라는 선비를 지지한 사람은 '동인', 한양 도성의 서쪽에 살던 심의겸이라는 선비를 지지한 사람은 '서인'이라고 불렸어. 나중에 동인은 서인을 대하는 태도가 엄격한 '북인'과 좀 부드러운 '남인'으로 다시 갈라졌고.

그 뒤로 각 붕당은 나라의 크고 작은 문제들에 각자의 의견을 내며 팽팽히

전랑 조선 시대 신하들을 뽑는 일을 하던 직책

맞섰어. 광해군 때에는 임진왜란에서 의병장을 많이 키워 낸 북인 세력이 커졌고, 그다음 서인 세력이 인조와 힘을 합쳐 광해군을 내쫓으면서부터 효종과 현종 초반까지는 서인이 조선의 정치를 이끌었지.

또 현종 때에는 서인과 남인이 대립했어. 그러던 중 숙종이 왕위에 오른 거야. 숙종이 왕위에 있는 동안에도 붕당의 대립은 누그러지지 않았어. 이 무렵 서인 세력은 노론과 소론으로 또 나뉘었고, 여기에 세자 문제까지 얽히는 바람에 상황은 걷잡을 수 없을 정도로 심각해졌지.

◆ ◆ ◆

 세자라니, 무슨 이야기냐고? 열네 살에 왕위에 오른 숙종은 15년 동안이나 아들을 얻지 못했어. 첫 번째 왕비는 딸만 셋을 낳고 죽었고, 두 번째 왕비인 인현 왕후는 아이를 한 명도 낳지 못했지. 그러다가 귀하디귀한 아들을 얻었는데, 바로 후궁 장 희빈에게서였어.

숙종은 무척 기뻐하며 태어난 지 겨우 두 달된 아들을 세자로 책봉*하려 했어. 그런데 신하들이 거세게 반대하는 거야. 왜냐고? 바로 붕당 때문이지. 인현 왕후와 당시 권력을 잡고 있던 신하들은 서인이었는데, 장 희빈은 남인에 속했거든.

겉으로 보면 인현 왕후와 장 희빈, 두 여인이 숙종의 마음을 서로 얻으려고 싸우는 듯했어. 하지만 그 뒷면에는 인현 왕후의 편에 선 서인과 장 희빈 편에 선 남인이 권력 다툼을 하고 있었던 거야.

숙종은 어렵게 얻은 아들을 보호하려고 얼른 세자로 책봉한 뒤, 인현 왕후를 비롯해 서인을 모두 궁에서 내쫓아 버렸어. 그러면서 장 희빈을 새 왕비로 앉혔지. 숙종이 어린 세자를 위해 반대파들을 모두 몰아

효종 때까지는 서인의 세력이 컸어.

현종 때에는 서인과 남인이 대립했지만 여전히 서인의 힘이 컸어.

숙종 때에는 남인의 자손이 세자가 되면서 남인의 세력이 커졌어.

책봉 왕세자, 왕세손, 왕비 등을 임명하는 것

냈으니 장 희빈과 남인이 승리한 셈이야.

그런데 5년 뒤, 남인 세력이 지나치게 커지자 숙종은 이번에는 장 희빈을 내쫓고 다시 인현 왕후를 왕비로 앉혔어. 이 일로 남인은 쫓겨나고 권력은 서인의 손에 들어갔지. 이번에는 인현 왕후와 서인의 승리!

숙종이 좀 변덕쟁이였던 것 같다고? 뭐, 그럴 수도 있지만 권력을 어느 한쪽 붕당에 몰아주지 않고 균형을 잡으려는 노력으로 볼 수도 있지 않을까? '남인이든 서인이든 언제든 내칠 수 있다. 그러니 왕에게 함부로 맞서지 말라.' 이런 경고 말이야. 그게 숙종이 왕권을 강화시키는 방법이었어.

그러다 몇 년 뒤 인현 왕후가 죽었어. 숙종은 장 희빈이 인현 왕후를 저주해 죽음에 이르게 했다며 사약을 내렸지.

장 희빈이 진짜 인현 왕후를 저주했냐고? 왕비의 자리, 더 나아가 목숨을 걸고 권력을 다투는 사이였으니 저주를 했을지도 몰라. 하지만 그런 미신으로 사람이 죽었을까? 그러면 장 희빈은 엄청난 능력자게? 아마도 여기에는 인현 왕후가 죽어 장 희빈이 다시 왕비의 자리에 오를까 두려워한 서인들의 모략이 있었을 거야.

그러고 보니 인현 왕후나 장 희빈이나 참 고단한 삶을 살았구나. 둘 다 붕당의 대립 때문에 피해를 입은 불쌍한 여인이라는 생각이 드는걸?

어쨌든 인현 왕후와 장 희빈은 모두 세상을 떠났고, 이제 문제는 남겨진 세자였어. 당시 열네 살이었던 세자는 남인인 장 희빈의 아들, 그러나 권력을 잡

고 있는 세력은 서인! 이거 어쩌나?

다행인 것은 서인 가운데 세자를 가엾게 여겼던 이들이 있었다는 거야. 이들 소론은 비록 반대파라도 세자는 왕의 후손이니 보호해야 한다고 주장했어. 하지만 노론은 아무리 세자라도 남인에 속해 있으니 적이라고 했지. 이렇게 소론과 노론은 또 대립했어.

노론은 세자를 대신해 여섯 살 어린, 숙종의 또 다른 아들 연잉군을 왕위에 올리려 했어. 세자가 태어나고 6년 뒤 후궁 숙빈 최씨가 낳은 아이가 바로 연잉군이야. 숙빈 최씨는 인현 왕후의 처소에 무수리로 있다가 후궁이 된 인물이고……. 자, 이제 눈치챘지? 숙빈 최씨는 인현 왕후의 곁에 있었으니 인현 왕후 편, 그러니 서인 편이었던 거야.

이 연잉군이 바로 뒷날의 영조야.

무수리 조선 시대 궁중에서 청소 등 잡일을 하던 사람

◆◆◆

휴, 영조까지 오는 길이 너무 길었네. 설명이 길었지만 영조라는 인물을 이해하기 위해 필요한 내용이었으니 이해해 줘.

이것만은 꼭 기억하자. 인현 왕후와 같은 편인 노론은 연잉군을 지지했다는 것! 한편 장 희빈과 남인은 다 몰락하고, 소론만이 장 희빈의 아들인 세자를 지지했다는 것!

자, 그럼 이 치열한 경쟁 속에서 숙종의 뒤를 이어 왕위를 차지한 건 과연 누구일까?

숙종은 세자를 바꾸지 않은 채 세상을 떠났어. 또한 아무리 어머니가 사약을 받고 죽었다 해도 정식으로 세자의 자리에 오른 사람을 함부로 내칠 수는 없었지. 드디어 세자는 왕위에 올라 조선 제20대 왕 경종이 되었어.

그럼 세자를 반대했던 노론과 노론 편에 있었던 연잉군은 이제 어떻게 되는 걸까? 경종의 적이었으니 자칫 잘못하면 목숨을 잃을 수도 있었어. 왕이 다스리는 국가에서 왕위를 넘본 사람은 비록 왕의 형제라 할지라도 목숨을 지키지 못하는 경우가 많았으니까.

하지만 경종은 성품이 모질지 못했어. 경종은 노론에 맞서면서도 연잉군을 해치지 않았지. 숙종의 후손이 경종 외에 연잉군밖에 없다는 것도 연잉군이 목숨을 지킬 수 있었던 이유가 되었고.

그런데 경종은 왕위에 오른 지 4년 만에 세상을 떠나고 말아. 몸이 원래 약했다고는 하지만, 이상한 점이 있어. 경종이 많이 아팠을 때 연잉군이 게장과 감을 보냈는데, 이걸 먹고 며칠 뒤에 죽었거든.

한의학에서 게장과 감은 함께 먹으면 안 좋다는 음식이야. 그래서 많은 사람들, 특히 소론이 연잉군을 의심했어. 그런 의심 속에서 연잉군은 왕위에 올랐지.

참 힘들게도 왕이 되었다. 영조는 형인 경종의 죽음과 관련 있다는 의심을 받으면서도 노론의 강력한 지지를 얻어 왕이 되었어. 그랬기 때문에 왕이 된 뒤에도 노론의 주장을 쉽게 꺾을 수가 없었지. 또 어머니가 궁중의 잡일을 하던 무수리 출신이었기 때문에 열등감도 있었어. 한마디로 영조는 상처투성이 왕이었던 거야.

그렇지만 영조는 상처를 극복하면서 백성들을 위해 좋은 왕이 되려고 애썼어. 신분이 낮았던 어머니를 생각하며 평생을 검소하게 생활했고, 붕당의 대립을 온몸으로 겪었기에 어떻게 해서든 이를 멈추려 했지.

물론 붕당이라는 게 꼭 나쁜 것만은 아니야. 정치를 할 때 각 무리의 입장에서 다양한 의견을 내고 경쟁하다 보면, 서로 조심하게 되고 힘의 균형을 이룰 수 있거든. 어느 한쪽 무리가 일방적으로 정치를 이끄는 것보다 훨씬 좋지. 왕의 독재˚도 막고. 문제는 붕당 대립이 너무 심해질 때야. 서로 목숨까지 내걸고 싸우다 보면 나라가 혼란에 빠지는 것은 물론 정작 백성들을 돌보는 일은 신경 쓰지 못하니까.

독재 특정한 사람이나 무리가 모든 권력을 차지하고 일을 마음대로 하는 것

그럼 영조는 붕당의 대립을 어떻게 해결하려 했을까?

정권을 잡은 노론은 소론을 몰아내자고 주장했어. 하지만 뚝심 있었던 영조는 노론 한 사람에게 벼슬을 주면 소론 한 사람에게도 벼슬을 주며 중심을 잡아 나갔어. 서로 다른 무리의 신하들이 골고루 벼슬을 할 수 있도록 말이야.

이것을 탕평책이라고 해. '탕평'은 어느 쪽에도 치우침이 없이 공평하다는 말이야. 그러니까 영조의 탕평책은 붕당의 어느 편도 들지 않고 공평하게 나라를 다스리겠다는 뜻이었지.

영조는 이러한 마음을 담아 탕평비를 세우기도 했어. "남과 두루 친하되 편당˙을 가르지 않는 것이 군자의 마음이요, 편당만 짓고 두루 친하지 못하는 것은 소인배의 사사로운 마음이다."라고 새겨 놓았지.

이렇게 탕평을 이루기 위해 많은 노력을 기울였지만, 음……. 성공했다고 보기는 어려워. 영조는 자신이 왕이 되는 데 큰 도움을 주었던 노론을 완전히 외면하지 못했고, 자신에게 계속 의심의 눈초리를 보내는 소론을 제대로 끌어안지도 못했거든.

그래서 사도 세자의 비극이 생겨났어.

◇◇◇

사도 세자는 영조가 마흔두 살에 얻은 귀한 아들이었어. 영조는 태어난 지 14개월밖에 안 된 아기를 세자로 책봉할 만큼 기뻐했어. 또 열다섯 살부터는 왕의 업무를 대신 시키기도 했을 정도로 믿음직스러워했지.

하지만 스물일곱 살이 되던 해 사도 세자는 영조의 명령으로 뒤주˙에 갇히고 말아. 그리고 그 속에서 물 한 모금 마시지 못한 채 비참한 죽음을 맞았지. 도대체 그사이에 어떤 일이 일어났던 걸까?

사도 세자가 정신병에 걸려 점점 포악해졌고, 심지어 반역을 일으키려 했기 때문에 영조가 아들을 죽일 수밖에 없었다는 주장도 있어.

하지만 한편에서는 세자가 커 가면서 노론에 반대하는 입장을 보이자 이를 두려워한 노론이 영조와 세자의 사이를 갈라놓았다고 말해. 사도 세자가 정

편당 한 편의 당파
뒤주 쌀 등의 곡식을 담아 두는 궤짝

신병에 걸렸으며, 심지어 반역을 꾀하고 있다고 거짓말을 해서 아버지가 아들을 죽이도록 만들었다는 거야.

 어떤 게 진짜인지는 확실하지 않지만 아들을 죽였다는 상처는 영조를 두고두고 따라다녔어. 영조는 어떤 일이 있어도 손자만은 끝까지 보호하리라 마음먹었지.

◇ ◇ ◇

영조는 1776년 여든세 살의 나이로 세상을 떠났어. 고단한 여러 사건들 속에서도 조선의 왕들 가운데 가장 오래 살았고, 또 가장 오랫동안 왕위를 지켰지. 무려 51년 7개월 동안이나 말이야.

그러나 한 사람의 삶으로 본다면 영조는 불행했던 것 같아. 자신에게 열등감을 심어 줬지만 마음 한편으로는 늘 안쓰러웠던 어머니, 치열한 권력 다툼 끝에 세상을 떠난 형, 자신의 손에 목숨을 빼앗긴 아들, 모두 영조에게는 상처였고 아픔이었거든.

그럼에도 백성들에게는 좋은 왕이었어. 큰 죄를 지은 사형수라도 반드시 재판을 세 번 거치게 하여 억울한 일을 당하지 않도록 했고, 가혹한 형벌을 없앴으며, 노비가 상민이 될 수 있도록 해 주었지. 서얼, 그러니까 본부인이 아닌 첩의 자손들이 관리가 될 수 있는 길도 열어 주었고.

또 균역법을 실시해 백성들의 세금도 줄여 주려고 했어. 균역법이 무엇인지는 옆에서 자세히 살펴볼 텐데, 간단히 말하면, 군대에 가는 대신에 나라에 바치던 베 옷감 두 필을 한 필씩만 내도록 한 거야.

영조의 노력 덕분에 백성들은 한결 안정된 생활을 누릴 수 있었어. 이러한 안정된 사회 분위기는 영조의 손자 정조 대에 조선의 문화가 더욱 발전할 수 있는 바탕이 되었다는 점에서도 의미가 있지.

복습하는 인물 연표

1694년	1724년	1725년	1750년	1776년
숙종의 아들로 태어났다.	영조가 조선 제21대 임금이 되었다.	영조가 붕당의 대립을 막기 위해 탕평책을 펼쳤다.	균역법을 실시해 백성들의 세금 부담을 줄이려 했다.	영조가 세상을 떠났다.

백성들의 세금 부담을 줄인 균역법

조선 시대의 16~60세 남자들은 국가에 봉사할 의무가 있었어. 이것을 '군역'이라고 해. 남자들 가운데 일부는 군대에 갔고, 나머지 사람들은 군대에 간 사람들을 경제적으로 뒷받침하기 위해 세금을 냈지. 한 해에 베 2필을 냈는데, 이것은 '군포'라고 해.

그런데 조선 후기가 되면서 정치가 혼란스러워지자 문제가 생겨났어. 돈 있고 세력 있는 사람들은 관리에게 잘 보여 군역에서 빠져나가고, 가난한 백성들만 그 짐을 지게 된 거야. 그러다 보니 군포가 적게 걷혔고, 관리들은 부족한 부분을 메꾸기 위해 이미 죽은 사람과 갓난아이까지 군포를 내게 했어. 이를 내지 못한 사람이 도망을 가면 친척들, 또는 이웃들에게 그 몫을 대신하게 했고……. 백성들의 불만은 점점 커졌고, 군포를 내지 못해 고향을 떠나 떠도는 무리도 늘어 갔지.

그러자 영조는 양인 남자의 수를 최대한 정확히 조사해 이를 바탕으로 군포를 내도록 하고, 내야 할 군포도 2필에서 1필로 낮춰 백성들의 부담을 줄여 주었어. 이것이 균역법이야.

> 정조는 탕평책을 이어 나가면서 강력한 개혁을 펼쳤다. 규장각을 설치하고 화성을 건설하는 등 정조의 정책은 조선 후기를 이끄는 큰 힘이 된다.

정조,
강력한 왕권으로 조선을 개혁하다

1762년 윤 5월 13일, 세손은 할아버지 영조에게 울며 부탁했어.

"아버지를 살려 주시옵소서."

영조는 신하들에게 세손을 빨리 데리고 나가라며 호통쳤고, 열한 살이었던 세손은 군사들에게 안겨 나올 수밖에 없었지.

그렇게 세손이 끌려 나오고, 뒤주에 갇힌 사도 세자는 결국 세상을 떠났어. 할아버지가 아버지를 죽이던 이날의 기억은 평생 세손을 따라다니는 어두운 그림자가 되었지.

아, 그런데 세손이 무슨 뜻이냐고? 왕의 자리를 이어받을 왕의 아들을 세자라 하고, 왕의 자리를 이어받을 손자를 세손이라고 해. 영조가 왕, 그의 아들이 사도 세자, 그리고 사도 세자의 아들이 세손, 이렇게 말이야.

이때의 세손이 조선 제22대 왕 정조야.

아버지를 잃은 것만으로도 충분히 슬펐지만, 그보다 더 심각한 문제가 세손을 기다리고 있었어.

그 무렵 어떤 일이 있었는지 잠깐 알아볼까? 영조가 왕위에 오를 때 노론들이 많이 도와주었던 거 기억나니? 영조는 노론과 소론의 균형을 잡으려 애썼지만, 실제로 영조 시대 내내 큰 권력을 가졌던 것은 노론이었어. 노론은 영조의 아들 사도 세자가 소론의 편을 들자, 자신들의 권력을 지키기 위해 사도 세자를 모함해서 죽음에 이르게 했지.

노론은 사도 세자의 아들이 왕이 되는 것 또한 원하지 않았어. 왕이 되면 자신들에게 복수를 할지도 모르니까. 그러니 사도 세자가 죽었다는 것은 동시에 세손의 목숨도 위태로워졌다는 뜻이었어.

영조도 사도 세자도 이 사실을 잘 알고 있었어. 영조는 비록 아들을 죽였지만, 두고두고 그 일을 후회하면서 세손만은 어떻게든 보호하리라 다짐했지. 어려서부터 열심히 공부하고 효성이 깊었던 세손을 무척 사랑하기도 했고 말이야.

세손, 그러니까 어린 시절의 정조는 무척 총명했다고 해.

정조의 어머니가 쓴 글을 보면, 정조는 말을 배우기 전부터 문자를 좋아했대. 돌잔칫상에서도 장난감 대신 붓과 먹을 가지고 놀 정도로 남달랐다지.

네 살이 되던 해부터 본격적으로 공부를 시작했는데, 수업이 끝나고도 책을 손에서 놓지 않았고, 아침에는 날이 밝기도 전에 일어나 독서를 했다니……. 음, 보통 아이는 아니었던 듯하네. 또 열네 살에 이미 과거의 시험 과목인 사서삼경˚을 다 떼었다는 걸 보면 지금으로 치면 천재? 아니면 영재? 그쯤 되었나 봐.

사실 정조는 184권에 이르는 많은 책을 써낸 뛰어난 학자이기도 해. 대부분의 왕들은 신하들에게 학문을 배웠는데, 정조는 자신이 직접 신하들을 가르쳤어.

사서삼경 중요한 유교 경전으로, 《논어》, 《맹자》, 《중용》, 《대학》을 '사서'라 하고, 《시경》, 《서경》, 《주역》을 '삼경'이라고 함.

이렇게 총명했으니 누가 아버지를 죽였으며, 그자들이 노리는 것이 무엇인지 잘 알았을 거야. 하지만 세손 시절에는 가능한 한 자기 의견을 드러내 주장하지 않고 신중하게 행동했어. 아버지와 똑같은 실수를 하면 스스로가 위험해진다는 걸 알고 있었던 거지.

그러면서 속으로 몰래 다짐하지 않았을까? 강한 왕이 되어야겠다고! 노론에 맞서 목숨과 왕위를 지키고, 나아가 이 나라 종묘사직˙을 지켜야 한다고 다짐하고 또 다짐했을 거야.

다행히 할아버지인 영조는 조선의 왕 가운데 가장 오래 살았어. 덕분에 세손은 영조의 보호 아래 스물다섯 살의 청년으로 어엿하게 자라 왕위를 무사히 이어받았지.

◈ ◈ ◈

그렇게 왕위에 오른 첫날, 신하들 앞에 선 정조가 말했어.

"나는 사도 세자의 아들이다."

헉! 노론들은 깜짝 놀랐어. 사도 세자가 죽은 뒤 어느 누구도 사도 세자에 대해 공식적으로 말하지 못했는데……. 새 왕이 왕위에 오른 첫날, 자신이 사도 세자의 아들이라고 밝힌 건 대체 무슨 뜻일까? 노론들에게는 사도 세자가 죽임을 당한 것에 복수를 하겠다는 선전 포고로 들렸어.

정조는 일단 자신이 왕위에 오르는 데 적극 반대했던 홍인한과 정후겸을 귀양˙ 보냈어. 그런데 홍인한은 외할아버지의 형이었고, 정후겸은 고모의 양

종묘사직 왕실과 나라를 통틀어 이르는 말
귀양 죄인을 시골이나 섬으로 보내 살게 하는 벌

아들이었어. 가까운 친척인 외가와 고모까지 정조에게는 적이었던 것이지.

어머니인 혜경궁 홍씨와 할아버지인 영조가 철저하게 자신을 보호해 주었으니 망정이지, 궁 안에, 그리고 조정에 정조의 편은 얼마 없었어.

그래서 왕이 된 첫날 자신은 사도 세자의 아들이라고 엄포를 놓기는 했지만, 그 많은 적들을 모두 벌할 수는 없었어. 아버지를 죽이는 데 함께했고, 자신이 왕위에 오르는 것에 반대한 외할아버지도 처벌하지 못했지. 이번에는 어머니가 단식을 하며 반대했거든.

하지만 정조는 좌절하거나 서두르지 않고, 차근차근 힘을 길러 나갔어. 먼저 세손 시절부터 자신을 지켜 준 홍국영에게 군사를 맡겨 왕궁을 보호하게 했고, 규장각을 세워 새 인재를 길렀어. 정조에게 가장 필요한 것은 그가 믿을 수 있는 새롭고 뛰어난 인재들이었으니까.

규장각은 많은 책을 보관해 둔 곳으로, 왕실 도서관이라고 할 수 있어. 정조는 정치 세력에 물들지 않은 인재들을 규장각의 학자로 뽑았어. 이때 서얼

출신을 뽑기도 했는데, 능력이 있어도 신분 때문에 벼슬길이 막혀 있던 서얼에게 관직에 나아갈 기회를 준 거야.

학문을 사랑했던 정조는 규장각에 자주 드나들며 학자들과 나라의 정책을 자유롭게 의논했어. 그렇게 규장각은 정조가 개혁 정책을 펼치는 데 매우 중요한 역할을 담당하게 되었지.

또 장용영이라는 호위 부대도 만들었어. 그전에도 여러 부대들이 있었지만 급할 때 자신이 믿을 수 있는 군사 기반을 따로 마련한 거야.

한편 정조도 영조의 뜻을 이어 탕평책을 펼쳤어. 지나치게 커진 노론 세력을 억누르고, 작은 세력으로 있던 소론과 남인에게 힘을 나눠 주며 균형을 맞추려고 애썼지. 붕당이 서로를 견제하도록 하면서, 그 위에 더욱 강력한 왕권을 세우려고도 했고. 그뿐만 아니라 붕당의 대립에만 너무 많은 힘을 쏟지 않고, 백성들이 편안히 살 수 있는 나라를 만들기 위해 노력했어.

 그 무렵 조선 사회의 모습은 크게 변하고 있었어.

우선 농업 기술이 발달해 수확량이 늘자 사람들은 자신이 재배한 곡식과 채소를 내다 팔 수 있는 여유가 생겼지. 사고파는 물건이 많아지자 자연히 상업과 공업도 발달했고. 이런 기회를 통해 양반이 아님에도 부자가 되는 백성들이 생겨났어.

반대로 양반 중에서 가난한 사람들이 생겨났어. 양반의 수가 점점 많아지면서 관직에 나가는 일이 힘들어졌거든. 양반이 왜 그렇게 늘어났냐고? 임진왜란과 병자호란을 겪고 난 뒤에 나라에서 어려운 나라 살림을 보충하기 위해 부유한 백성들에게 양반의 신분을 파는 일이 있었거든.

돈 많은 상민이 양반이 되고 상민보다 가난한 양반이 생기기도 한 거야. 조선 초기의 엄격했던 신분 질서가 조금씩 무너지고 있었지.

정조(1752~1800)
조선 제22대 임금. 탕평책을 계속 이어 가며, 규장각을 설치해 학문을 연구하고 개혁 정책을 펼쳤다. 또 수원 화성을 건설하기도 했다.

또 중국을 통해 서양의 새로운 문물과 함께 종교가 들어오면서 모든 사람은 평등하다는 생각까지 퍼져 나갔어.

총명했던 정조는 이러한 변화의 흐름을 느끼고 있었어. 학문에 관심이 많

아 서학* 책들을 직접 찾아 읽기도 했고. 그는 조선도 변화하고 개혁해야 한다고 생각했어. 정조가 서학에 밝고 서양의 문물을 받아들이는 데 적극적이었던 남인들을 가까이 두려고 한 이유도 바로 여기에 있지.

정조는 서얼에게도 관직에 나아갈 수 있는 기회를 주었다고 했지? 이와 함께 도망친 노비들을 쫓는 추쇄관 제도도 없앴어. 둘 다 옛 신분 제도의 모순을 해결하려는 시도로 볼 수 있지.

또 하나! 그전까지는 한양에서 장사를 할 수 있는 사람들은 나라에서 특별히 허락받은 몇몇 상인들뿐이었는데, 정조는 이 특권을 없애고 일반

서학 서양의 학문

상인들도 자유롭게 장사를 할 수 있도록 했어. 그러자 많은 상인들이 한양으로 모여들었고, 상업과 공업이 더욱 발전할 수 있는 기반이 마련되었지.

왕위에 오른 지 17년이 되던 해, 나라를 다스리는 데 어느 정도 자신이 생긴 정조는 사도 세자의 능이 있는 화성을 새롭게 꾸미기 시작했어. 화성은 지금의 수원이야.

정조는 2년에 걸친 공사 끝에 계획도시인 화성을 건설했고, 그 뒤로 그곳을 자주 찾았어. 아마도 정조는 도읍을 화성으로 옮기려 했던 것 같아. 새로운 정치적·경제적 기반 위에서 나라를 운영하고 또 개혁하려고 말이야. 하지만 정조는 화성으로 옮겨 와 살지 못했어. 마흔아홉 살의 나이에 갑자기 세상을 떠났거든.

너무나 갑작스런 죽음이었기 때문에 당시에는, 아니 지금까지도 정조가 독살*당했다고 생각하는 사람들이 있어.

물론 확실한 증거가 있는 것은 아니야. 기록에는 종기가 났는데 상태가 나빠져서 죽었다고만 되어 있지. 하지만 정조의 죽음을 수습하고 기록한 것이 노론이라, 소론과 남인은 혹시라도 노론의 계략이 있었던 것은 아닐까 의심했던 거야.

어쨌든 정조는 죽었고, 그의 아들 순조가 왕위를 이었어. 당시 순조는 겨우 열한 살이었어. 너무 어렸기 때문에 왕실의 가장 큰 어른이었던 정순 왕후가

독살 독을 써서 사람을 죽임.

수렴청정*을 하며 정치를 이끌었어. 그런데 영조의 왕비였던 정순 왕후는 노론 가문이었어. 음, 그렇게 정치는 다시 노론의 손으로 넘어갔지. 정조가 이루려던 개혁들은 물 건너 가 버렸고.

참 안타까운 일이야. 만일 정조가 좀 더 오래 살았다면, 조선 후기의 역사는 어떻게 달라졌을까?

수렴청정 임금이 어릴 때, 왕대비나 대왕대비가 왕을 도와 나랏일을 돌보는 것

복습하는 인물 연표

1752년	1762년	1776년	같은 해	1796년	1800년
정조가 사도 세자의 아들로 태어났다.	정조의 아버지인 사도 세자가 죽음을 맞았다.	정조가 조선 제22대 임금이 되었다.	규장각을 설치해 새 인재를 기르기 시작했다.	수원 화성이 완성되었다.	정조가 세상을 떠났다.

근대 건축물의 모범이 된 수원 화성

정조는 사도 세자의 묘를 수원 화산으로 옮기고, 그 주변에 화성을 건설했어. 수원 화성의 설계는 정조가 가장 아끼던 신하 정약용이 맡았지.

우리나라의 성에는 백성들이 사는 읍성과, 전쟁을 대비해 산에 만든 산성이 있는데, 수원 화성은 머물러 살기도 하고 전쟁이 나면 성안에서 방어도 할 수 있게 설계되었어.

성의 가장 큰 문은 북쪽 장안문이야. 반원 모양의 옹성이 성문을 감싸는데, 적이 침입했을 때 문을 보호하기 위해서지. 옹성 출입문 위에는 불이 날 때를 대비해 물을 저장하는 커다란 구멍 5개가 있고, 성벽 위에 낮은 담장을 쌓았어. 또 남쪽에는 장안문과 비슷하게 생긴 팔달문이 있지.

수원 화성에서 가장 높은 팔달산에는 군사 지휘소인 서장대를 세워 성 안팎을 살필 수 있도록 했고, 망루인 서북공심돈도 세웠어. 연락을 취하는 다섯 개의 굴뚝, 봉돈도 있고.

1997년 유네스코는 수원 화성을 세계 문화유산으로 정했어. "뛰어난 과학적 특징을 골고루 갖춘 근대 건축물의 모범이며, 여러 건축물이 모두 예술적이다."라면서 말이야.

◀◀ 오랫동안 조선의 통치 이념이 돼 온 성리학은 점점 유교 예법에만 치우쳐 갔다. 이때 백성들에게 직접 도움이 되는 실용적인 학문, 실학이 새로 등장하는데…….

이익,
실학의 큰 스승이 되다

"**방에 들어가 선생님께** 절을 올리자, 일어나서 답례를 하시는데 매우 공손하셨다. 눈을 들어 바라보니 보통 사람보다 큰 키에 수염이 아름다웠고 눈빛이 사람을 쏘아보았다."

1746년 안정복이 경기도 안산에 있는 이익의 집을 찾아가 처음 만났을 때의 느낌을 적은 글이야. 절을 올린 뒤 안정복은 자신이 찾아온 이유를 말했어.

"나이 마흔이 되도록 배움의 방향을 잡지 못하고 있습니다. 선생님의 학문이 깊다는 얘기는 일찍이 들었으나 10년을 마음에만 품고 있다가 이제야 찾아뵈었습니다."

인사를 나눈 두 사람은 바로 학문에 대한 이야기를 나누기 시작했어. 주로 안정복이 물어보고 이익이 대답했지. 저녁상이 들어올 때까지 두 사람의 대화는 계속되었어.

"반찬이 변변치 않지만 어서 드시지요."

이익은 아들뻘인 안정복에게 식사를 권했어.

저녁상에 올라온 반찬은 새우젓 한 종지와 무김치 한 접시, 호박국이 전부였대.

이렇게 이익은 가난했고 벼슬 하나 없었지만, 안정복처럼 그에게 학문을 배우러 찾아오는 사람들의 발걸음은 끊이질 않았어. 대체 무엇을 배우려 했던 걸까?

이익 * 37

◆◆◆

이익은 1681년 이하진의 막내아들로 태어났어. 증조할아버지, 할아버지, 아버지까지 높은 벼슬을 한 가문이었지. 그런데 문제는 이익의 집안이 남인 세력이라는 거였어.

숙종 때 붕당 사이의 치열한 대립 끝에 남인이 몰락하자 이익의 아버지도 유배를 떠났어. 이익은 유배지에서 태어났는데, 이익이 태어난 다음 해 아버지가 세상을 떠났지. 아버지가 죽자 어머니는 아이들을 데리고 고향인 경기도 안산으로 돌아왔고, 그곳에서 이익은 평생을 살았어.

어릴 때 이익은 몸이 약해서 글을 배울 수 없을 정도였대. 열 살이 넘어서야 글을 배우기 시작했는데, 그의 선생님은 그보다 스무 살 많았던 형, 이잠이었어. 이잠은 아버지의 첫 번째 부인이 낳은 아들이었지. 이익은 첫 번째 부인이 죽고 난 다음, 아버지가 재혼을 해서 두 번째 부인이 낳은 아들이었고. 그래서 나이 차이가 좀 많이 나지?

이잠은 열여섯 살에 과거의 1차 시험인 초시에 합격해 진사가 된 인재

유배 죄인을 먼 곳으로 보내는 일

였지만, 남인이라는 이유로 뜻을 펼칠 기회를 얻지 못하고 있었어. 이익 역시 스물다섯 살 되던 해에 과거를 보았는데, 이름 쓰는 형식을 지키지 않았다는 이유로 다음 시험을 치를 수 없었지. 이 역시 아마 남인이었기 때문에 그랬던 것 같아.

그러다 이듬해에 이잠이 장 희빈을 변호하는 상소˚를 올린 일로 역적˚으로 몰려 그만 세상을 떠나고 말아.

이 일을 계기로 이익은 평생 벼슬길에 나아갈 뜻을 접었어. 그렇다고 학문마저 멀리했던 건 아니야. 오히려 과거 공부에 얽매이지 않고 넓은 분야의 책을 읽어 나갔지. 다행히 이익의 집에는 할아버지, 아버지 때부터 전해 내려오는 책들이 많았어. 또 아버지가 청나라에 사신으로 다녀온 적이 있어서 서양의 문물에 관련된 책들도 꽤 있었고.

평생 고향을 떠나지 않고 홀로 책을 읽었던 이익은 당시 학자들이라면 누구나 공부했던 성리학뿐만 아니라 역사, 지리, 민속, 의술까지 공부해서 학문의 범위가 넓고 깊었어. 여기에 서양의 천문학, 기하학, 의학, 심리학 지식도 상당했다고 해.

하지만 이익이 대단하다고 평가받는 것은 단순히 많은 책을 읽어 그 지식이 깊었기 때문만은 아니야.

이익은 실생활에 도움을 주지 못하는 학문은 가치가 없다면서 성리학에만 빠져 있는 선비들에게 쓴소리를 했어. 임진왜란과 병자호란을 겪은 뒤 백성

상소 임금에게 올리는 글
역적 나라와 왕을 배반한 사람

들의 삶은 힘들어졌는데, 성리학자들은 흐트러진 사회 질서를 바로잡는다는 이유로 예전보다 더 엄격하게 도덕과 예절을 강조했거든.

반대로 이익은 백성들의 삶이 나아지도록 실생활에 도움이 되는 학문을 주장했어. 이것을 '실학'이라고 해. 조선에 실학의 첫 씨앗을 뿌린 것은 이익보다 60여 년 정도 먼저 태어났던 유형원이라는 학자야. 그를 이어 이익은 실학

이익(1681~1763)
조선 영조 때의 실학자. 실생활에 도움이 되는 학문이 진짜 학문이라며 실학을 주장했고, 서학과 과학 기술에도 관심을 가졌다.

토지 제도를 바꾸고 농사 기술을 발전시켜서 백성들이 더 잘살도록 해야지.

의 꽃을 피웠지. 벼슬길에 나아가지 않아 그의 주장이 실제 정치에 반영되지는 않았지만, 수많은 제자들이 이익의 영향을 받아 나중에 실학의 큰 물줄기를 만들어 나갔어.

이익은 직접 농사지은 경험이 있었기 때문에 땅의 중요성과 농사의 고귀함을 잘 알았어. 그는 나라가 부강하려면 농민이 잘살아야 한다고

주장했지. 이를 위해 토지 제도를 바꿔 농민들에게 땅을 무료로 나누어 주고, 과학적인 농사 기술을 널리 퍼뜨려야 한다고 했어.

이익이 살던 18세기에는 돈 있는 양반들이 너도나도 땅을 사들인 다음, 가난한 농민들에게 소작을 주었어. 소작이란 땅이 없는 농민들이 다른 사람의 땅을 빌려 농사를 짓는 거야. 소작농은 피땀 흘려 일하고도 수확의 절반 이상을 땅 주인에게 바쳐야 했어.

그래서 이익은 나라에서 한 가정마다 가질 수 있는 땅의 크기를 정하고 이 땅은 절대 사고팔지 못하도록 하자고 했어. 최소한 먹고살 수 있을 만큼의 땅은 모든 가정이 고르게 가져야 한다는 생각이었지. 또한 소작농은 땅 주인에게 소작료를 내고 그 나머지에서 세금까지 내야 하는데, 농민들의 부담이 너무 크다며 세금은 땅 주인이 맡아 내라고 주장했어.

이뿐 아니라 이익은 중국 중심으로 세상을 볼 것이 아니라 우리나라의 정통성과 우수성으로 눈을 돌려 이를 발전시키자고도 했어. 우리의 역사, 우리의 문화, 우리의 지리에 더 관심을 갖자는 거야. 그러면서 서양 문물과 과학 기술도 적극적으로 받아들이자고 했지.

어, 우리 것을 소중하게 여기자면서 왜 서양의 문물을 받아들이냐고?

이건 서로 다른 생각이 아니야. 우리 것을 중심에 놓고 서양의 발달된 문물을 주체적으로 받아들여서 우리 것을 더 발전시키자는 거니까. 그래서 이익은 서양 문물을 받아들여야 한다고 주장하면서도 서양의 종교인 천주교에 대해서는 찬성하지 않았어.

이렇게 이익이 개혁을 말하며, 자신의 주장을 책으로 펴내자 그를 따르는 사람들이 여기저기에서 모여들었어. 안정복도 그 가운데 하나였고.

안정복이 이익을 찾아온 날, 밤을 거의 지새우며 이야기를 나눈 두 사람은 아침에 헤어졌는데, 헤어질 때 이익은 이렇게 당부했어.

"그대는 나이가 젊고 기력도 왕성하니 지식을 쌓는 데에 힘써야 할 것이오. 지식이 쌓이면 가는 길이 평탄할 것이오."

다음 해 안정복은 다시 이익을 찾아가 하루를 묵었고, 그다음 해에도 찾아가 이틀을 머물렀어. 그리고 3년 뒤 다시 찾아가 이야기를 나누었지.

그 뒤에 둘은 서로 만나지 못했지만, 수십 통의 편지를 주고받으며 정을 나누고 학문을 논의했어. 안정복은 공부하다 궁금한 점이 있으면 스승에게 질문했고, 스승은 정성을 다해 대답해 주었지. 또 이익은 단순한 지식뿐 아니라

학문 연구 방법, 더 나아가 생활에 필요한 학문을 통해 나라를 부강하게 만들자는 근본 목표를 가르쳐 주었어.

한번은 주고받던 편지를 통해 안정복이 우리나라 역사에 대해 관심을 보이자 이익은 이런 답장을 보냈어.

"나도 우리나라 역사를 쓰고 싶었지만, 헛되이 시간을 보내어 이렇게 늙을 때까지 손대지 못한 것이 유감스럽기 그지없네. 자네는 우리 역사에 대한 책을 써 보면 좋을 듯하네."

그 뒤에도 안정복은 우리나라 역사에 대해 궁금한 점이 있으면 스승에게 묻고, 자기가 쓴 부분을 검토해 달라고 부탁하며 《동사강목》이라는 책을 썼어. 그때까지 전하는 옛 자료들을 비교하며 정리한 역사책이야.

안정복 이외에도 이익의 손자이자 당시 최고의 천재로 이름을 날렸던 이가환, 서양의 철학·수학 등을 연구하다 천주교도가 된 권철신 등이 모두 이익의 제자였어. 이익의 학문은 그 뒤 제자들을 통해 정약용 형제에게까지 이어졌지.

복습하는 인물 연표

1681년	1706년	1760년경	1763년	1778년
이익이 남인 가문에서 태어났다.	형인 이잠이 죽었고, 이익은 벼슬의 뜻을 접었다.	실학의 백과사전인 《성호사설》이 완성되었다.	이익이 83세의 나이로 세상을 떠났다.	안정복이 이익의 도움을 받아 쓴 《동사강목》이 완성되었다.

조금 더 알아볼까?

실학의 백과사전, 《성호사설》

이익은 살아생전 약 100권에 이르는 책을 썼는데, 그중 가장 많이 알려진 책이 《성호사설》이야. '성호'는 이익의 호이고, '사설'은 사사로운 논설 정도의 뜻으로 이해하면 될 거야. 이익이 자신의 책을 겸손하게 표현해 붙인 이름이지.

이 책은 일종의 백과사전이라고 할 수 있어. 이익이 마흔 살 즈음부터 책을 읽다가 느낀 점이나 흥미로운 내용이 있으면 그때그때 기록해 두었는데, 그의 나이 여든에 이르렀을 때 이것을 집안 조카들이 정리해 책으로 펴낸 거야.

이 책 속에는 해와 달, 별, 조수에 대한 것부터 정치와 제도, 경제, 인물 이야기, 중국과 우리나라의 역사 등 정말 백과사전처럼 많은 지식이 들어 있어. 이익이 새로운 지식을 얼마나 적극적으로 받아들였는지 알 수 있지. 또 학문을 현실에 이용하려는 생각, 나라와 백성에 대한 애정도 고스란히 느껴져.

사람들은 《성호사설》에 담긴 학문을 호수에 비유하기도 해. 유형원 이후로 발전해 온 실학이 이 책에서 모두 통합되었다가 그 뒤 각 분야의 전문가에게 나누어져 더욱 깊어졌다고 말이야.

이익 * 45

> 1795년 제주에는 큰 흉년과 태풍이 번갈아 오면서 백성들이 엄청난 피해를 입었다. 이때 제주도의 한 여성이 백성들을 위해 발 벗고 나서는데…….

김만덕,
백성들을 위해 전 재산을 내놓다

"저는 양민의 딸이니 이제 기생의 신분에서 벗어나 본래의 신분으로 돌아가게 해 주시옵소서."

김만덕이 제주 목사˙ 신광익에게 호소했어. 그러자 신광익이 물었지.

"양민의 딸이 어찌 지금까지 기생으로 살아왔느냐?"

김만덕은 자신이 지금까지 어떻게 살아왔는지 차근차근 설명했어.

본래 제주의 양갓집 딸로 태어났으나 어렸을 때 부모를 잃고 기생의 집에 얹혀살았다는 것, 그러다 그 기생의 양녀가 되었고, 결국 기생 명단에 이름이

목사 조선 시대 지방을 다스리던 관리 가운데 하나

올랐다는 거였지.

 양민의 신분으로 태어났지만, 일찍 부모를 잃고 의지할 데 없는 김만덕을 키워 준 것은 천민인 기생이었어. 기생의 양녀가 된 김만덕은 자라나서 똑같이 기생이 되어야만 했고……. 당시 법에 따르면 기생의 아들은 종이 되고, 기생의 딸은 기생이 되어야 했거든.

 하지만 스무 살이 넘자 김만덕은 이제 더 이상 기생으로 살고 싶지 않았어. 그래서 제주 목사를 찾아가 본래의 신분으로 되돌려 달라고 말했지.

 당당하게 요구한 끝에 김만덕은 원래 신분을 되찾을 수 있었어. 그런 다음 장사를 시작했어. 기생으로 있을 때부터 남들보다 안 입고 안 먹어 가며 알뜰하게 모아 놓은 재산이 좀 있었거든. 이것을 밑천으로 해서 장사를 시작하게 된 거야.

 그 무렵 조선 사회는 크게 변하고 있었어. 그 변화 중 하나가 조선 후기에 이르러 모내기법*이 널리 퍼졌다는 거야. 농사법이 바뀌자 수확량이 크게 늘었고, 다른 나라에서 고구마, 감자, 고추, 토마토 등의 새로운 작물들이 들어

모내기법 모판에다 벼 싹을 미리 틔운 다음에 땅에 옮겨 심는 농사법

"제주도의 싱싱한 전복을 구하세요? 이 김만덕에게 문의하세요~"

와 먹을거리도 다양해졌지. 또 인삼, 담배, 채소 등을 키워서 팔아 백성들은 보다 큰 이익을 얻을 수 있었어.

예전에는 농사를 지어 먹고살기에만 급급했다면, 이제 농산물을 팔아 이익을 남길 수 있게 된 거야. 그러면서 농산물을 사고파는 상업이 발달하기 시작했어. 곳곳에 장이 생겼고, 장을 돌아다니며 물건을 구하거나 내놓는 사람들도 많아졌지. 화폐도 이전보다 활발하게 사용되었고.

김만덕이 살던 제주는 농사짓기 어려운 땅이라 일찍부터 농업보다 어업과 상업이 발달했어. 섬이었으니 어업이 발달하는 거야 당연한 거고, 상업이 발달한 것은 육지에서 곡식과 소금 등 생활에 필요한 물건을 구해 와야 했으니까 다른 지역보다 물건을 사고파는 일이 많았거든. 제주에서 많이 생산되는 해산물을 육지에 팔고, 육지에서는 다른 물건들을 사 오고…….

바다 건너 외진 땅 제주의 기생이었지만, 김만덕은 세상의 변화를 제대로 읽고 있었어. 세상 보는 눈이 남들보다 밝았던 것 같아. 김만덕은 물건 값이

"어머, 정말 예쁘다."
"휘둥그래~"
기생방
"육지에서 유행하는 장신구예요. 김만덕에게 오시면 최신 유행 물건을 소개해 드려요~"

오르거나 떨어질 때를 잘 추측하며 장사를 계속해 많은 이익을 남길 수 있었지.

제주 어부들에게 전복, 생선, 미역 등을 사서 전라도 등의 육지로 보내 팔고, 그렇게 만든 돈으로 제주 사람들에게 필요한 물건들을 사 갖고 와 다시 팔며 제주를 대표하는 큰 부자가 되었어.

여성의 사회 활동이 자유롭지 못했던 조선 시대에, 게다가 기생 출신이라는 신분의 벽을 극복하고, 부모나 남편의 도움 하나 없이 혼자 힘으로 큰 부자가 됐으니 정말 능력자였던 거 같네.

아, 결혼은 했느냐고? 김만덕은 제주의 남자들을 머슴으로 거느리기는 했지만 누구도 남편으로 맞이하지는 않았대.

김만덕이 대단한 것은 여기에 그치지 않아.

1795년 무렵 제주에 큰 흉년이 들어 굶어 죽는 백성이 많았어. 엎친 데 덮친 격으로 태풍까지 몰려와 백성들의 시체가 산더미처럼 쌓여 갔지. 이때 제주 백성의 3분의 1이 굶어 죽었다니 국가적인 큰 재난이라고 할 수 있었어.

그러자 정조가 백성들을 살리기 위해 급히 곡식 2만 섬*을 제주로 보냈는데, 그만 열두 척의 배 가운데 다섯 척이 침몰하는 사고가 생기고 말아. 이 어려운 상황에서 김만덕이 짠! 하고 나섰지.

"내 전 재산을 육지로 가져가 곡식으로 바꿔 오너라."

김만덕(1739~1812).
조선 시대 거상. 제주에서 장사를 해 큰 부자가 되었다. 자기 재산을 어려운 사람들에게 모두 기부한 뒤 그 상으로 한양과 금강산을 여행했다.

이렇게 하인이 사 온 곡식은 모두 500섬이었어. 김만덕은 이 중 10분의 1은 친척들에게 나눠 주고, 나머지 450여 섬은 모두 관가로 실어 보내라 일렀어. 평생 악착같이 모은 재산을 굶고 있는 백성들을 위해 몽땅 기부한 거야. 그 소문을 듣고 사람들이 관가 앞으로 구름같이 모여들었다고 해.

◆◆◆

　물론 워낙 어려운 상황이어서 제주에 살던 다른 양반과 부자들도 기부를 하긴 했어. 하지만 정조가 보고받을 정도로 크게 기부한 양이 100섬에서 300섬 정도였지. 곡식이 귀한 제주에서는 300섬만으로도 크게 놀랄 양인데, 김만덕은 500섬이나 기부했으니 그야말로 어마어마한 양이었어.

　이 소식을 전해 들은 정조는 제주 목사에게 김만덕의 소원을 물어보라고 했어. 100섬, 300섬을 기부한 다른 양반들은 벼슬을 높여 주었지만, 김만덕은 여성이라 벼슬을 주지 못하는 대신 소원을 물어봤나 봐.

　그때 김만덕이 뭐라고 했는지 아니?

　"별다른 소원은 없습니다. 다만 한양에 가서 임금님이 계시는 곳을 바라보고, 금강산 일만이천봉을 구경한다면 죽어도 여한이 없겠습니다."

　애개, 무슨 소원이 그러냐고? 한양 구경이나 금강산 여행은 그냥 가면 되는 거 아니냐고?

　아니, 당시 제주의 여인들은 바다를 건너 육지로 나오는 것이 법으로 금지되어 있었어. 제주가 워낙 농사짓기 어려운 땅이라 사람들이 자꾸 육지로 나오려고 하니까 인조 때부터 제주 사람은 육지에 나오지 못하도록 법으로 정한 거야.

　그래도 남자들이야 고기를 잡으러 배를 타기도 하고, 육지에 나가 장사도 했으니 잠시나마 육지를 밟아 볼 기회가 있었지만, 제주에서 태어난 여자들

섬 곡식, 가루 등의 부피를 잴 때 쓰는 단위로 1섬은 약 180리터임.

은 평생 그 땅에서 벗어나지 못했어.

그런데 김만덕은 그냥 육지에 가 보는 것도 아니고, 임금이 있는 궁궐과 또 경치가 가장 아름답기로 유명한 금강산에 가고 싶다고 한 것이니……. 큰 사업을 일으킨 사람답게 배포 큰 소원이었던 거야.

정조는 흔쾌히 허락했고, 좌의정 채제공에게 그 일을 맡겼어. 또 말을 내려 주고, 각 고을의 역에 김만덕이 한양으로 올라오는 데 필요한 것들을 챙겨 주라 일렀지. 1796년 가을, 김만덕이 한양에 도착했을 때에는 내의원* 의녀반수라는 벼슬을 내리기도 했어. 갑자기 웬 벼슬이냐고? 벼슬 없이는 대궐에 들어가 왕을 만날 수 없었거든.

드디어 김만덕을 만난 정조는 크게 기뻐하며 칭찬했어.

"여자의 몸으로 굶주린 백성 천여 명을 구제했으니, 참으로 갸륵한 일이로구나."

반년 뒤 금강산으로 떠난 김만덕은 만폭동, 중향성 등의 아름다운 경치를 구경하고, 다시 한양으로 와 며칠 머물다 제주로 돌아왔어. 한양에 머무는 동안 만덕의 이름은 널리 알려져 모든 사람들이 그녀의 얼굴을 한 번씩 보고

내의원 조선 시대 궁중의 의료를 맡았던 관아

싶어 했다고 해.

김만덕이 한양을 떠나기 전 채제공은 그간의 이야기를 《만덕전》이라는 책으로 써 주었고, 병조 판서였던 이가환도 만덕에 대한 시를 써 주었어.

고향에 돌아온 김만덕은 1812년, 일흔네 살의 나이로 세상을 떠났지.

복습하는 인물 연표	1739년	1759년경	1795년	1796년	1812년
	김만덕이 제주의 양갓집 딸로 태어났다.	기생의 신분을 벗고 장사를 시작했다.	제주 백성들을 위해 곡식 500섬을 내놓았다.	김만덕이 정조의 명으로 한양에 도착했다.	김만덕이 세상을 떠났다.

삼종지도를 강요한 남성 중심의 조선 사회

임진왜란을 겪은 뒤, 경제와 신분 제도 등 조선의 기반이 흔들리자 성리학자들은 이를 바로잡기 위해 백성들에게 성리학적 도덕과 윤리를 더욱 강조했어. 성리학에서는 세상의 모든 것이 음과 양의 조화로 이루어져 있다고 하지. 하늘은 양이고 땅은 음, 낮은 양이고 밤은 음, 또 남성은 양이고 여성은 음, 이렇게 말이야. 그런데 이 둘이 조화를 이루기 위해서는 양이 음을 이끌고, 음은 양을 따라야 한다고 했어.

남성이 여성을 이끌고 여성은 따라야 한다는 삼종지도라는 말도 여기서 나왔지.

'삼종지도'란 여성이라면 모름지기 세 가지를 따라야 한다는 거야. 어릴 때는 아버지를 따르고, 혼인하면 남편을 따르고, 늙어서는 아들을 따르라는 것이지. 여성으로 태어났으면, 아버지이든 남편이든 하다못해 아들이라도 무조건 남자의 뜻에 따라 평생 살라는 거야.

이렇게 남성 중심의 사회가 되면서 조선 중기 이후의 여성들은 사회 활동에 거의 참여하지 못했어. 재산을 상속받을 때에도 차별당했고, 혼인해서는 시집살이를 했으며, 남편이 죽어도 재혼할 수 없었어.

그런 시대에 혼인도 하지 않고 엄청난 부를 일군 김만덕은 정말 특별한 여성이었던 거야.

> 조선 후기, 경제적인 여유가 생기자 백성들은 문화와 예술에도 관심을 가지기 시작했다. 백성들의 삶을 솔직히 표현한 풍속화도 유행하는데…….

김홍도,
백성들의 삶을 화폭에 담다

오른쪽의 저 그림 본 적 있니? 위쪽에 훈장님이 앉아 계시고, 좌우로는 아홉 명의 학생들이 앉아 있네. 저런, 그런데 훈장님 앞에 있는 아이가 꾸지람을 들었나 봐. 아이가 뒤돌아 앉아 눈물을 닦고 있어. 책상 옆에는 회초리도 보이고.

그래도 훈장님 표정을 보니 무서운 호랑이 훈장님은 아닌 것 같아. 야단맞은 학생을 안쓰러운 표정으로 보고 계시잖아. 음, 친구들 표정은 뭔가 고소해하는 듯한데? 훈장님 왼쪽 옆에 있는 친구는 손으로 입을 가리고 웃고 있어.

상투를 틀고 갓을 쓴 학생도 보이니? 학생들 가운데 혼인한 사람도 있었나 봐. 그림의 제일 아래쪽에 등을 보이고 있는 아이는 얼굴은 보이지 않지만 몸집으로 보면 아직 어린 아이인 듯해.

장가간 청년부터 어린아이까지 옹기종기 모여 훈장님한테 야단도 맞고, 킥킥 웃기도 하며 공부하는 장면이 어느 서당의 모습을 그대로 옮겨 놓은 것 같지 않니? 이 그림의 제목은 〈서당〉이야.

이 작품을 그린 사람은 김홍도로, 조선 최고, 아니 어쩌면 우리 역사상 최고의 화가라 할 수 있지.

조선 후기 농업 생산량이 늘어나고 상업이 발달하면서 경제적으로 여유가 생기자 일반 백성들도 문화와 예술에 관심을 갖기 시작했어.

광대가 북장단에 맞추어 이야기를 들려주는 판소리와, 양반이나 승려를

풍자하는 내용을 담은 탈놀이가 유행했고, 쉽게 읽을 수 있는 한글 소설도 인기를 끌었지. 앞에서 본 〈서당〉처럼 백성들의 삶의 모습을 솔직히 그린 풍속화도 사랑받았고.

김홍도는 특히 이런 풍속화를 잘 그렸어. 그렇다고 풍속화만 잘 그린 건 아니야.

"김홍도는 어릴 적부터 그림을 공부하여 못 하는 것이 없었다. 인물, 풍경, 신선, 불교 그림, 꽃과 과일, 새와 벌레, 물고기와 게 등에 이르기까지 옛사람과 비교할지라도 대항할 사람이 거의 없었다."

조선 시대 유명한 화가이자 김홍도의 스승이었던 강세황이 이렇게 칭찬할 만큼 그는 그림의 모든 분야에서 탁월한 천재였어.

◆◆◆

김홍도는 1745년 태어났어. 벼슬이 높은 집안은 아니었고, 집안에 유명한 화가가 있지도 않았어.

그런 그가 최고의 화가로 성장할 수 있었던 것은 타고난 재능 덕분이지만, 강세황이라는 훌륭한 스승을 만난 덕택이기도 해. 조선 후기 대표적인 화가 강세황이 바로 이웃에 살았거든. 김홍도는 어릴 때부터 그의 집에 드나들며 그림을 배웠는데, 강세황이 김홍도의 재능을 몹시 아꼈대.

"그림 그리는 사람은 대체로 천과 종이에 그려진 것을 보고 배우고 익혀서 비로소 비슷하게 할 수 있는데, 김홍도는 스스로 독창적으로 알아내니, 천부적인 소질이 있다."

보통 화가들은 그림을 많이 그리고 연습해서 실력을 키우는데, 김홍도는 하늘이 준 실력이 있었다는 거야.

강세황은 세상을 떠날 때까지 김홍도와 좋은 스승과 제자의 관계를 이어 갔어. 종이 한 장에 스승은 소나무를, 제자는 호랑이를 그려 완성한 적도 있고, 김홍도의 그림에 강세황이 평을 쓰기도 했지.

김홍도가 스무 살 무렵인 이른 나이에 도화서에 들어갈 수 있었던 것도 스승의 추천 덕분이었을 거야.

도화서는 조선 시대에 그림 그리는 일을 맡아보던 관청을 말해. 주로 나라의 중요한 행사가 열릴 때 그 행사를 기록하는 그림을 그렸지. 또 왕의 초상화를 그리기도 했어. 사진이 없을 때니까 그림으로 기록을 남겼던 거야.

도화서에 들어간다는 것은 당시 화가들에게 최고의 영광이었어. 시험을 봐서 엄격하게 뽑는 것이니 실력이 뛰어나다는 의미이기도 했고.

도화서 화원*이 되고 얼마 지나지 않아 김홍도는 영조의 즉위* 40년 축하 잔치를 기념하는 병풍 그림을 혼자 맡아 그렸어. 스물한 살의 나이에 도화서

화원 도화서의 화가
즉위 임금의 자리에 오름.

에 소속된 화원 가운데 그 실력을 가장 높이 인정받은 거야.

스물아홉 살에는 영조의 초상화와 당시 세손이었던 정조의 초상화를 그리는 일을 맡았지. 아, 이때는 혼자 그린 게 아니고, 다른 화원들과 함께 그림 작업에 참여했어. 왕의 초상화는 보통 얼굴을 그리는 사람, 몸체를 그리는 사람 등으로 나누어 작업하는데, 김홍도는 영조의 몸체를 그렸어. 얼굴은 대선배였던 변상벽이라는 화가가 그렸고.

참, 스승 강세황과 함께 김홍도의 재능을 인정하고 뒷받침해 준 사람이 또 있어. 바로 당시의 세손, 그러니까 정조야.

정조는 세손이었을 때 이미 자신의 초상화를 그린 김홍도의 솜씨에 깊은 인상을 받았어. 그래서 "김홍도의 이름을 안 지가 오래이다. 30년 전에 초상화를 그렸는데, 이때부터 그림에 관련된 일은 모두 김홍도가 주관하도록 했

다."라는 말을 남기기도 했지.

그렇게 서른이 되기 전부터 김홍도는 화가로 이름이 높았어. 김홍도의 그림을 구하려는 사람들이 날마다 무리를 이루고, 그림 값으로 갖고 온 비단이 더미를 이루었으며, 찾아오는 사람이 문 앞까지 가득 메워 잠자고 먹을 시간도 없을 지경이었대.

◈ ◈ ◈

이 무렵 김홍도는 신선 그림이나 앞에서 본 〈서당〉 같은 풍속화를 주로 많이 그렸어. 씨름판의 모습을 그린 〈씨름〉이나 논에서 곡식을 거두는 일꾼들의 모습을 그린 〈타작〉 등의 풍속화는 지금까지 유명하지.

김홍도의 풍속화에 등장하는 인물에는 공통점이 있어. 주로 일하는 백성들이라는 점! 대장간에서 연장을 만드는 사람들, 집을 짓는 사람들, 밭을 가는 농부들, 장사하는 상인들, 또 물을 긷고 빨래하는 아낙들……. 이렇게 김홍도는 일반 백성들의 삶 속에서 그림의 소재를 찾고 그 삶의 순간을 잡아내 그림으로 표현했어. 그런 그림 속에는 한 사람 한 사람의 동작과 표정이 살아 있는 듯하고, 전체의 구성이 하나의 이야기를 품고 있어서 사람들이 매우 좋아했지.

마흔네 살이 되던 해에는 정조의 명으로 김응환이라는 화가와 함께 금강산과 그 주변을 여행하며 풍경화를 그렸어. 이때에도 아들의 벼슬길에 따라와 있던 스승 강세황을 만나 함께 금강산을 둘러보았지. 아쉽게도 이때 김홍도가 그린 금강산 풍경은 전하지 않아.

그다음 해에는 사신들을 따라 청나라 베이징에 갔어. 아마 여기서 김홍도는 서양의 그림들을 보았던 것 같아. 어떻게 아냐고? 정조가 아버지인 사도

김홍도(1745~?)
조선 영조·정조 때의 화가. 도화서 화원이었으며 산수화, 초상화는 물론 백성들의 삶의 모습을 담은 풍속화를 잘 그리기로 유명했다.

그 뒤 다시 한 번 정조의 초상화를 그리고, 그 상으로 충청도 연풍의 현감을 맡기도 했어. 현감이라는 벼슬은 중인의 신분으로 오를 수 있는 최고의 직책이지. 3년 뒤 한양으로 돌아와서는 다시 그림에 전념해 인물화, 산수화, 화조화 등의 명작들을 그려 냈고.

이렇게 당대 최고의 화가로 이름이 높았지만, 김홍도는 항상 가난했고 건강이 좋지 않았어. 그림을 판 돈으로 재산을 늘리기보다 새로운 그림을 그릴 재료를 사거나 친구들과 술 마시기 좋아했거든. 키가 크고 잘생긴 데다가 시원시원한 성격에 거문고 연주까지 잘해서 그는 마치 신선 같았대.

김홍도가 언제 어떻게 죽었는지는 잘 몰라. 환갑까지 그림을 그렸다는 증거가 있으니, 그때까지는 살았구나 짐작할 뿐이지. 김홍도는 살아생전 많은 그림을 그렸고, 오늘날까지 전해지는 작품은 300점 정도야.

복습하는 인물 연표	1745년	1773년	1781년	1788년	1795년
	김홍도가 태어났다.	영조의 초상화와 세손의 초상화를 그렸다.	정조의 초상화를 그리고, 그 상으로 벼슬에 올랐다.	금강산을 여행하며 명승지들을 그렸다.	연풍 현감으로 있다가 한양으로 돌아왔으며, 그 뒤 명작들을 더 남겼다.

조금 더 알아볼까?

조선 후기 또 다른 화가, 신윤복

조선 후기 최고의 화가로 인정받는 또 한 사람이 신윤복이야. 신윤복은 김홍도와 비슷한 시기에 살았고, 김홍도와 마찬가지로 풍속화를 잘 그렸지. 신윤복에 대해서는 도화서의 유명한 화원이었던 신한평의 아들이라는 것 정도의 기록만 전해져.

김홍도가 그림이랑 전혀 상관없는 집안에서 태어났던 것에 비하면, 화가 아버지를 둔 신윤복은 화가로 성장하기 훨씬 좋은 환경에서 자랐어. 하지만 신윤복에 대한 기록이 거의 없는 것으로 보아 살아생전 재주를 인정받지 못했던 것 같아. 그래서인지 자유로운 그의 그림은 오히려 독창적이고 매력적이라는 평가를 받지.

김홍도가 서민의 모습을 정감 있게 그렸다면, 신윤복은 양반을 풍자하고, 여성들의 생활을 담은 그림을 주로 그렸어. 김홍도의 그림에는 남자들이 많이 등장하지만, 신윤복의 그림에는 여성들, 그 가운데에서도 기생이나 하녀, 주모 등 천대받는 여성들이 많이 등장하고. 또 김홍도는 그림에서 배경을 생략하는 경우가 많았는데, 신윤복은 반대로 주변 배경을 세밀하게 묘사했어.

이렇게 둘은 서로 개성이 뚜렷했지만 공통점도 있어. 이들의 그림을 계기로 조선의 화가들이 백성들의 일상생활을 본격적으로 담기 시작했다는 것이지.

이 작품은 〈연못가의 여인〉이야.

신윤복은 양반을 풍자하는 그림이나 여성, 기생들의 모습을 많이 그렸어.

나리, 저도 그려 줘요.

> 중국을 통해 서양 문물과 책이 전래되면서 조선에서는 이를 연구하는 학문인 서학이 나타났다. 뒤이어 서양의 종교인 천주교까지 들어오는데…….

이승훈,
조선인 처음으로 천주교 세례를 받다

1783년 스물여덟 살의 청년 이승훈은 청나라에 사신으로 가는 아버지를 따라 베이징으로 갔어. 그에게는 막중한 임무가 하나 있었는데, 바로 천주당에 가서 천주교 신부를 만나는 것이었어. 그 무렵 베이징에는 성당이 네 개 있었어. 서양에서 온 신부들이 그곳에 머물며 청나라에 천주교를 전하고 있었지.

베이징에 도착한 이승훈은 곧 천주당을 찾아가 서양인 신부를 만났어. 신부는 깜짝 놀랐지. 미지의 나라 조선에서 온 청년이 스스로 천주교도가 되겠다고 했으니…….

이승훈은 왜 천주교도가 되겠다고 했을까? 또 엄격한 성리학의 나라 조선에 어떻게 천주교가 전해질 수 있었던 걸까?

◇◇◇

서양 문물과 책이 조선에 처음 소개된 것은 17세기 무렵이었어. 주로 청나라에 다녀온 사신들을 통해 소개되었지.

3권에서 살펴봤던 소현 세자 기억나니? 소현 세자가 청나라에 머물며 서양 문물에 눈을 뜬 바로 그 시기야. 이때부터 서양이라는 새로운 세계가 조선에 알려지기 시작했고, 서양의 신기한 물건들도 많이 소개되었어. 망원경인 천리경, 시계인 자명종, 세계 지도인 〈곤여 만국 전도〉 같은 것들 말이야.

그때까지 세계의 중심이 중국이라고 생각했던 조선의 선비들은 중국보다 더 넓은 세계가 있다는 것을 비로소 알았어. 그러고는 서양의 발달된 과학 기술 등을 연구하기 시작했지. 이것을 '서학'이라고 해. 서양의 학문이라는 뜻이야.

어떤 이들은 여기에서 한발 더 나아가 서양의 종교에 관심을 갖기도 했어. 대표적인 인물로 이벽이라는 사람이 있지. 이벽의 고조할아버지는 소현 세자를 모시고 청나라에 다녀온 신하 가운데 한 명이었어. 소현 세자가 베이징에서 선교사 아담 샬을 만났을 때 받은 천주교 책 몇 권이 이벽의 집에 보관되어 있었는데, 이벽은 그 책을 통해 천주교를 접했지. 그렇게 이벽은 우리나라 최

〈곤여 만국 전도〉 이탈리아 사람인 마테오 리치가 만든 세계 지도

초의 천주교도가 되었어.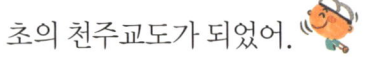

　천주교를 믿기 시작한 이벽은 가까운 사람들에게 자신의 종교를 전하기 시작했어. 그 가운데 이승훈이 있었던 거야. 그런 이승훈이 아버지를 따라 베이징에 가게 되자, 이벽이 그에게 천주당을 찾아가 신부를 만나라고 권유했지.

　베이징에 머물렀던 40일 동안 이승훈은 한자로 글을 써 가며 서양인 신부에게 천주교 교리를 배웠고, 1784년 2월에 드디어 세례를 받았어. 세례라는

것으로 바뀌었어.

　이로써 이승훈은 조선인 가운데 처음으로 세례를 받은 인물이 되었어. 자기 나라에 선교사가 파견되기도 전에 스스로 세례받기를 청한 것은 세계 천주교 역사상 최초의 일이었대.

　이때만 해도 이승훈은 이 일이 조선에 어떤 바람을 일으킬지 전혀 예상하지 못했어. 그 이야기는 잠시 뒤에 다시 하자.

　세례를 받은 이승훈은 서양인 신부에게 천주교 책과 십자가, 성화 등 천주교 신앙에 관계된 여러 가지 물건들을 얻어 조선으로 돌아왔어.

　조선에 돌아와서는 이벽과 권일신에게 세례를 베풀었지. 이를 통해 천주교에 대한 믿음은 더욱 깊어졌어. 주변에 천주교를 믿는 사람들도 점점 더 많아졌고.

나도 세례를 받을래.

아멘~~

신분이 낮은 우리도 평등하게 대해 준다니!

이들의 친구이자 친척이었던 정약용 형제들도 천주교에 관심을 가졌어. 그런데 이벽, 이승훈, 정약용은 모두 남인 쪽 인물이었어. 그렇다 보니 자연스레 남인들을 중심으로 천주교가 퍼졌지. 이들은 오늘날 서울 명동인 명례방에 있는 김범우의 집에 일주일에 한 번씩 모여 예배를 드리고 천주교 공부를 했어. 우리나라 최초의 천주교 교회였던 셈이야.

그러던 어느 날, 누가 이들을 관아에 고발했어. 같은 시간에 많은 사람들이 김범우의 집에 들락거리는 걸 보고는 노름판이 벌어지는 걸로 오해한 거야.

군사들이 갑자기 김범우의 집에 들이닥쳤지. 그런데 사람들이 노름을 하는 게 아니라 이상한 의식을 치르고 있는 게 아니겠어? 이상하게 여긴 군사들은 그곳에 모인 사람들을 모두 잡아들이고, 그들이 갖고 있던 천주교 책과 그림도 빼앗아 갔어.

이게 천주교도의 존재가 조선 사회에 공식

적으로 알려진 첫 번째 사건이야. 그때까지는 천주교를 믿는 게 법을 어기는 것은 아니어서 붙잡힌 사람 중에 양반들은 곧 풀려났어. 하지만 모임 장소를 제공했던 김범우는 귀양을 갔다가 그곳에서 죽었지. 이렇게 김범우는 조선 최초의 순교자˙가 되었고, 김범우가 살던 집터에는 나중에 성당이 세워졌어. 이 성당이 바로 오늘날 명동 성당이야.

◆◆◆

자, 이제 한양 한복판에 천주교를 믿는 사람들이 있다는 게 세상에 드러났어. 그러자 노론은 이때다 싶었지. 엥, 갑자기 노론 이야기를 왜 하냐고? 앞서 천주교도들 중에 남인이 많았다고 했지? 정조는 탕평책을 펴면서 노론에 맞설 세력으로 남인에게 힘을 실어 주고 있었어. 그래서 노론은 남인이 늘 못마땅했는데, 남인을 공격할 좋은 먹잇감이 생긴 거잖아.

물론 이를 정조도, 남인도 잘 알고 있었어.

노론의 공격을 염려한 남인 가운데에는 노론보다 더 심하게 천주교를 비판하는 사람들도 있었어. 머지않아 천주교가 남인에게 큰 재앙이 될 거라고 걱정했던 거야.

이벽의 집안도 그랬어. 이벽의 아버지는 스스로 목숨을 끊겠다며 아들의 종교를 말렸지. 끝내 마음을 바꾸지 않는 아들을 집에 가두어 버리기도 했고……. 그러다 이벽은 서른두 살의 젊은 나이에 세상을 떠나고 말아.

한편 정조는 천주교가 서양의 학문을 받아들이는 것과 같으니 크게 문제될

순교자 자신이 믿는 신앙을 위해 목숨을 바친 사람

것 없다며 남인을 보호해 주었어. 사실 이때까지만 해도 천주교가 낯선 서양 종교여서 그렇지, 청나라가 서양 문물과 종교를 자연스럽게 받아들였듯이 조선도 그렇게 하면 되는 듯 보였어.

그런데 그 무렵 천주교가 조상에게 제사를 지내지 말라고 한 거야. 천주교의 사상에 어긋난다는 이유였지. 음, 그러면서 문제는 걷잡을 수 없이 심각해졌어. 조선은 충과 효를 가장 중요한 덕목으로 여기는 성리학의 나라잖니. 조상님들에게 제사를 지내지 않는 건 상상할 수도 없는 일이었거든.

생각해 봐. 오늘날에도 여전히 많은 집에서 제사를 지내고 있어. 설과 추석 같은 명절에는 차례를 지내고, 할머니나 할아버지 등 조상님이 돌아가신 날에는 제사를 지내지. 하물며 이때는 조선 시대란 말이야.

그 예민한 문제가 기어코 터진 건 1791년이었어.

전라도 진산에 사는 양반인 윤지충의 어머니가 돌아가셨는데, 윤지충이 어머니의 제사를 지내지 않은 것이지. 이 사실이 알려지자 나라가 **발칵** 뒤집혔어. 윤지충은 물론 윤지충의 어머니도 천주교도라 종교적 신념에 따라 제사를 지내지 않았지만,

이승훈 * 73

부모가 돌아가셨는데 제사를 지내지 않은 것은 당시 사람들에게 커다란 충격이었어. 불효도 그런 불효가 없었던 거야. 더군다나 양반이!

사회 질서를 어지럽히고 백성들을 나쁜 길로 이끈다는 이유로 윤지충은 결국 사형당했어. 또 천주교를 믿는 것은 물론이고 천주교 책을 갖고 있기만 해도 엄벌에 처한다는 명령이 떨어졌지. 서양 종교인 천주교가 유교 예법에 어긋나며, 우리 고유의 풍속을 해친다는 이유였어.

윤지충의 일로 이승훈과 권일신도 잡혀갔어. 이승훈은 천주교를 믿지 않았다고 이야기해 다행히 풀려 나왔지만, 이벽이 죽은 뒤 조선 천주교를 이끌던 권일신은 유배되었다가 그곳에서 세상을 떠났지.

◆◆◆

이제 조선에서는 천주교를 믿는 것이 금지되었고, 이를 어기면 목숨까지 위태롭게 되었어. 하지만 그래도 천주교는 비밀스럽게 계속 퍼져 나갔어. 왜 그랬을까?

천주교는 양반과 중인, 평민이 모두 평등하며 남성과 여성의 구별도 옳지 않다고 가르쳤거든. 또 신분이나 성별에 관계없이 천주님˚을 믿으면 누구든 죽어서 천국에 갈 수 있다고 했어. 이 가르침은 양반한테 늘 억눌려 살아 왔던 백성들의 마음을 빼앗기 충분했지.

그러다 정조가 갑작스럽게 죽자, 다시 큰 권력을 잡은 노론은 그간 눈엣가시 같았던 남인을 공격하는 무기로 천주교를 이용했어.

천주님 하느님

　남인을 이끌던 이가환, 이가환의 조카였던 이승훈, 정조의 총애를 받았던 정약용 형제들이 천주교도라는 이유로 줄줄이 잡혀갔지. 노론이 가장 큰 적으로 여겼던 이가환은 곤장을 맞다 결국 죽었고, 이승훈과 정약용의 셋째 형 정약종은 사형당했어. 정약용과 둘째 형 정약전은 먼 남쪽으로 유배를 가야 했고.

　이렇게 무려 100여 명이 처형되고, 400여 명이 유배를 갔던 이 사건을 '신유박해', 그러니까 신유년에 있었던 천주교 박해라고 해. 박해라는 말은 핍박당하고 피해를 입었다는 뜻이야.

　많은 사람들이 목숨을 잃었지만 천주교를 믿는 사람들은 계속 늘어 갔어. 그러다 마침내 1886년, 조선이 프랑스와 통상 조약을 맺으면서 조선에서 공식적으로 천주교를 믿을 수 있는 자유가 인정되었지. 이승훈이 우리나라 최초로 세례를 받은 지 102년이나 지난 뒤의 일이야.

1631년	1756년	1784년	1786년	1801년
천리경, 자명종 등 서양 문물이 조선에 전래되었다.	이승훈이 태어났다.	이승훈이 청나라에서 조선인 최초로 천주교 세례를 받았다.	조선에서 서학을 금지했다.	신유박해로 이승훈이 죽음을 맞았다.

조선에 천주교를 알린 책, 《천주실의》

《천주실의》라는 책의 제목은 '천주님에 대한 참된 토론'이라는 뜻이야. 중국에서 활동하던 선교사 마테오 리치가 동양에 천주교를 전파하기 위해 발표한 책인데, 천주교 입장에 선 서양 선비와 유학의 입장에 선 중국 선비가 토론하는 내용을 담고 있지.

1603년 중국 베이징에서 처음 선보인 이 책은 중국을 드나들던 사신들을 통해 조선에 전해져 조선에 천주교가 전파되는 데에도 큰 영향을 미쳤어. 조선의 학자들, 특히 서양 학문과 기술에 관심이 많았던 이들 사이에서 널리 읽혔고, 이벽, 이승훈, 정약용 형제도 이 책을 보고 천주교에 관심을 갖게 되었지. 반면 이익이나 안정복 같은 학자들은 《천주실의》를 비판하는 책을 발표하기도 했어.

나중에는 한글로 번역되어서 일반 백성들이 읽기도 했는데, 한글로 번역된 책은 현재 절두산 한국천주교순교자박물관에 보관되어 있어.

> ◀◀ 서양의 새로운 문물을 받아들이자는 주장이 활발히 일어나던 때, 청나라에 다녀온 박지원은 특별한 여행기를 발표하는데…….

박지원,
조선 최고 베스트셀러 작가가 되다

자, 이번 장에서는 퀴즈 먼저 풀고 시작할까? 다음 글을 읽고 어떤 동물인지 맞춰 봐.

"생김새는 소 몸뚱이에다 나귀의 꼬리이고, 낙타 무릎에다 범의 발굽이다. 짧은 털은 잿빛이고, 모습은 어진 데다 소리는 서글프다. 귀는 구름장처럼 드리워졌고, 눈은 초승달 같다. 두 어금니의 크기는 열 치 가까이 되고, 길이는 한 길 남짓 된다. 코는 어금니보다 긴데, 자벌레처럼 구부러지고 펴진다. 굼벵이처럼 말아 붙이기도 하는데, 누에 꽁무니 같은 코끝을 이용해 족집게처럼 물건을 끼어서 두르르 말아 입에다 넣는다."

정답은? 그래, 코끼리야. 코끼리의 모습을 그림 그리듯 세세하게 묘사하고 있지?

조선 후기 선풍적인 인기를 끌었던 베스트셀러, 《열하일기》에 나오는 한 구절이야. 이번에 이야기할 인물은 바로 이 《열하일기》를 쓴 박지원이고, 조선 후기 최고의 작가라고 할 수 있지.

◆ ◆ ◆

박지원은 1737년 박사유의 2남 2녀 가운데 막내로 한양에서 태어났어. 당시 권력을 쥐고 있던 노론 가문이었지만 아버지가 벼슬길에 나가지 못해 가난한 어린 시절을 보냈지.

그래서 어릴 적 글공부를 많이 하지 못했어. 열여섯 살 되던 해 이씨 가문으로 장가를 갔는데, 이때부터 장인에게서 공부를 본격적으로 배우기 시작했다고 해. 그렇게 스무 살 정도까지 처남 이재성과 함께 글공부에 전념했어.

박지원은 4년 정도 공부를 하고는 스무 살 무렵부터 《양반전》, 《예덕선생전》, 《광문자전》 등의 재미있는 소설을 쓰기 시작했어. 아마 글을 쓰는 재능이 뛰어났나 봐.

어떤 내용의 소설이냐고? 《양반전》은 신분이 낮은 부자가 돈으로 양반 신분을 사려다가 양반의 본모습을 알게 된 다음, 스스로 양반이 되기를 포기한다는 이야기야. 《예덕선생전》은 비록 똥을 치워 나르는 일을 하지만 행

동이 향기로운 어떤 사람에 대한 내용이고, 또 《광문자전》은 천하고 볼품없는 거지 두목이 알고 보니 양반보다 훨씬 의롭고 진실했다는 이야기야.

이렇게 박지원의 소설은 독특한 주인공들을 내세워 능력은 없으면서 허세나 부리는 양반의 모습을 비틀고 꼬집어 소설을 읽는 백성들의 마음을 후련하게 해 주었어. 게다가 웃기고 재미있기까지 하니 널리 읽힐 수밖에 없었지. 박지원은 금세 유명한 작가가 되었어.

그런데 말이야, 사실 이 글들은 박지원이 밤에 잠이 안 와 그저 지루함을 달래기 위해 쓴 작품이래. 시간이나 때울 생각으로 쓴 이야기가 조선 최고의 베스트셀러가 됐다니, 대단하지?

박지원이 서른 살 정도 되었을 때 오늘날 탑골 공원인 백탑 근처로 이사를 했는데, 그곳에서 근처에 사는 유득공, 박제가, 이서구 등과 함께 글을 읽고 토론을 하며 친하게 지냈어. 이 만남은 나중에 북학파라는 새로운 학파, 그러니까 쉽게 말하면 공부 모임 같은 걸 만드는 계기가 되었지.

이 무렵 이들은 홍대용이라는 사람의 영향을 받아 청나라의 발달된 문명을 접하고, 새로운 학문에 관심을 갖게 되었어. '북학파'라는 말도 북쪽에 있는 청나라의 발달된 문물을 인정하고 배우자고 주장했던 데에서 나온 것이래.

◆◆◆

박지원이 마흔 살이 되던 해 정조가 왕위에 올랐어. 그런데 정조가 왕위에 오르자마자 박지원에게 큰 위기가 닥쳐왔어. 당시 큰 권력을 휘두르던 홍국영이라는 사람이 박지원을 몹시 싫어했거든.

목숨의 위협을 느낀 박지원은 가족을 데리고 한양을 빠져나와 사람이 거의 살지 않는 황해도 금천의 연암 골짜기로 가서 숨었어. 박지원의 호인 '연암'은 여기에서 지어진 거야.

다행히 홍국영은 오래지 않아 정조의 신임을 잃어 쫓겨났고, 그다음 해인 1780년에 박지원의 인생에서 가장 중요한 기회가 찾아왔지. 간절히 바랐지만 감히 엄두도 내지 못했던, 청나라의 문명을 직접 경험할 수 있는 기회! 박지원의 친척 형이 청나라 황제의 칠순 잔치를 축하하는 사신으로 베이징에 가면서 박지원을 수행원으로 데려간 거야.

"늙어 한가해지면 심심풀이 삼아 읽을까 해서 적어 두었는데, 책을 절반도 집필하기 전에 벌써 남들이 돌려 가며 베껴 세상에 널리 퍼질 줄 누가 알았겠느냐?"라고 아들에게 푸념했거든. 그러니

이 책도 그저 가볍게 적었던 것이 최고의 베스트셀러가 된 거야.

이 책에서 박지원은 이렇게 주장했어.

"오늘날 사람들이 진실로 오랑캐를 물리치려면 청나라의 옛 문물을 모두 배워서 우리나라 풍속의 어리석음을 먼저 고쳐야 한다. 농사에 힘쓰고 상공업을 발전시키는 것에 이르기까지 어느 것이고 배워서 다른 사람이 10가지를 하면 우리는 100가지를 하여 먼저 우리 백성을 이롭게 해야 한다. 또 우리 백성들로 하여금 무기를 만들어서 저들의 견고한 갑옷과 날카로운 무기를 무찌를 수 있게 한 다음에야 청나라에는 볼 만한 것이 없다 해도 좋을 것이다."

한마디로 청나라의 문물을 배워야 한다는 거야. 그런데 별로 재미있는 책 같지는 않다고?

그래, 이런 주장들만 있다면 사람들이 그렇게 좋아하지는 않았겠지. 이것 말고도 책에는 앞에서 본 코끼리 이야기처럼 조선에서 본 적 없는 새로운 것에 대한 살아 있는 듯한 설명, 그곳에서 겪은 흥미로운 일화까지 다양한 이야깃거리가 담겨 있어.

또 그는 책에서 사람들이 일상생활에 사용하던 말투를 그대로 따라 썼어. 그때까지 글이라면 맹자 왈 공자 왈 하는 딱딱하고 격식 차린 옛 문장으로 썼는데, 박지원은 사투리, 비어, 속어 등도 거침없이 사용하며 당시 백성들이 실제로 말하는 것처럼 글을 쓴 거야.

《열하일기》가 인기를 끌면서, 이렇게 글을 쓰는 방식 역시 크게 유행했지. 그런데 그만 그 일로 정조에게 혼나고 반성문을 쓰게 돼.

왕이 글 쓰는 일까지 간섭하냐고? 음, 좀 복잡한 사연이 있어.

정조가 아끼던 남인 중에 서학을 공부하는 사람들이 늘어나자, 평소 남인을 못마땅해하던 노론이 서학이나 천주교를 핑계 삼아 남인들을 공격했다고 앞서 말했지? 이에 맞서느라 정조도 노론을 공격한 거야. 북학파가 정통 성리학 대신 새로운 문물을 받아들이고, 책에 가벼운 문체를 쓴다면서 말이지. 박지원을 비롯해 북학파 사람 대부분이 노론이었거든. 그 가운데 가장 유명한 박지원의 글이 공격 대상이 된 거고.

하지만 무슨 큰 벌을 준 것은 아니었어. 정조는 박지원에게 격조 있는 문체로 글을 써 오면 용서해 주겠다고 했고, 정조의 깊은 뜻을 헤아린 박지원도 순순히 글을 써서 올렸어. 정조가 이를 받아들이면서 문제는 해결되었고.

그 시대에 최고로 글을 잘 썼고, 학문도 깊었지만 젊은 시절 박지원은 과거에 뜻을 두지 않았어. 당시 정치 상황에 불만이 있었던 데다 타협을 모르는 꼿

꼿한 성품이라 여기저기에 적들도 많았던 탓이지.

하지만 그보다 더 큰 이유는, 과거 합격을 위한 학문보다 청나라에서 들어온 새로운 학문들에 대한 관심이 더 컸다는 거야. 그래서 관직에 나아가는 길을 스스로 선택하지 않았던 거 같아. 등 떠밀려 시험장에 들어갔다가 답안지를 내지 않고 온 일도 있었다니까 말이야.

그러다 쉰 살이 다 되어 관직에 나아가 한성부 판관, 안의 현감 등 여러 벼슬을 거쳤어. 박지원과 함께 공부하던 이덕무, 박제가, 유득공을 비롯해 박지원의 제자들도 이 무렵 모두 규장각에 들어가 정조의 개혁을 뒷받침할 세력으로 성장하고 있었어.

이런 분위기 속에서 박지원은 자신이 그동안 공부해 왔던 것들을 나라 정책에 반영할 수 있을 거라고 기대했어. 청나라의 새로운 문물을 받아들여 조선 사회를 개혁하는 것 말이야.

박지원은 상업을 중요하게 여기고 다른 나라와의 무역을 늘리자고 했어. 또 서양의 과학 기술과 자연 과학도 배우자고 했지.

실제로 그는 흙이 아닌 벽돌을 이용해 건물을 짓도록 했고, 각종 수차나 베틀, 물레방아 등을 새로 만들어 이용하기도 했어. 청나라에서 배워 온 새로운 농사법에 대한 책을 쓰고, 토지 제도의 문제를 해결하려면 한 사람이 가질 수 있는 토지의 양을 제한해야 한다고도 주장했지.

하지만 정조가 죽고 난 뒤, 그가 품었던 희망도 꺾이고 만 것 같아. 박지원은 늙고 병들었다는 핑계로 관직을 그만두었지. 그 뒤 중풍으로 고생하다가 1805년 예순아홉의 나이로 세상을 떠났어.

박지원의 일생에 대해서는 앞서 봤던 다른 인물들보다 그 기록이 자세하게 남아 있어. 그건 박지원의 아들인 박종채가 쓴 《과정록》이라는 책이 지금도 전하는 덕분이야. 《과정록》에는 박지원의 어린 시절, 친구들과의 관계, 책을 쓰는 과정 등 평생 동안의 이야기가 상세하게 쓰여 있지.

조선 최고의 베스트셀러 작가였던 박지원의 작품들이 궁금하니? 재미있을 것 같지? 기회가 된다면 《양반전》이나 《예덕선생전》 등을 한번 읽어 봐. 조선 사회의 모순을 재치 있게 풀어 쓴 박지원의 글솜씨에 깜짝 놀랄지도 몰라.

복습하는 인물 연표	1737년	1760~70년경	1771년	1780년	1792년	1805년
	박지원이 한양에서 태어났다.	《양반전》, 《예덕선생전》 등의 작품을 지었다.	과거를 포기하고 황해도 금천 연암골로 들어갔다.	청나라 여행을 바탕으로 《열하일기》를 썼다.	정조가 《열하일기》의 문체를 바로잡으라고 명령했다.	박지원이 세상을 떠났다.

조선 후기 몰락한 양반의 모습을 담은 《양반전》

《양반전》은 박지원이 지은 짧은 소설인데, 당시 사람들한테 큰 인기를 끌었대. 무슨 내용인지 우리도 한번 살펴볼까?

한 고을에 양반이 살았는데, 그는 몹시 가난했어. 해마다 관청에 곡식을 꾸어 그 양이 1,000석에 이르렀지. 고을의 수령은 양반이 곡식을 갚지 못하자 크게 노해 그를 잡아 가두라고 했어. 곡식을 갚을 방법이 없는 양반의 걱정은 커져만 갔어.

그런데 같은 고을에 신분은 낮지만 돈 많은 부자가 있었어. 부자는 양반을 찾아가 곡식을 대신 갚아 줄 테니 양반의 신분을 팔라고 말했지. 양반은 단번에 좋다고 했고, 부자는 그 자리에서 곡식을 실어 보냈어.

그러자 고을의 수령이 이런 거래에는 서류가 필요하다며, 부자에게 문서를 만들어 읽어 주는 거야. 거기에는 양반이 지킬 일들이 쓰여 있었어.

"항상 새벽에 일어나 기름불을 켜고 발꿈치를 궁둥이에 모은 채 책을 읽는다. 배고픔과 추위를 남에게 말하지 않고, 세수할 때 주먹을 비비지 않는다. 걸음을 느릿느릿 옮겨 신발을 땅에 끈다. 돈을 손으로 만지지 말고, 더워도 버선을 벗지 않는다. 밥 먹을 때 맨상투로 앉지 않는다……."

쭉 듣고 있던 부자는 한숨을 쉬며 말했어.

"양반은 신선 같다고 들었는데, 이와 같다면 너무 손해를 보는 것 같으니 이익이 될 수 있도록 고쳐 주시오."

그러자 고을의 수령은 바로 고쳐 써 주었어. 거기에는 이런 대목이 있었지.

"양반은 그 이익이 막대하다. 농사를 짓지 않고 장사를 하지 않아도 대강 공부를 하면 적어도 진사는 된다. 만일 시골에 산다 하더라도 이웃집 소로 먼저 밭을 갈고, 마을 일꾼을 데려다 김을 맨들 누가 감히 원망하겠는가."

　그 말을 듣자 부자는 "그만 두시오. 장차 나를 도둑놈으로 만들 작정이오?"라며 스스로 양반이 되기를 포기했대.

　이 글을 보면, 양반이란 참 사소한 형식에 묶여 살면서 능력도 없고, 도둑놈처럼 백성들을 마구 부리는 존재로 그려져 있어. 조선 후기 양반의 모습을 신랄하게 폭로한 이 소설에서 한 가지 더 재미있는 점은 돈 많은 부자가 양반의 신분을 사려 했다는 거야. 관청에서도 그걸 인정하는 문서를 작성해 주려 했다는 대목을 보면, 그런 일이 실제로도 일어났음을 알 수 있어. 신분 질서가 흔들리고 있었다는 증거지.

> 정조 시대 학자인 정약용은 임금을 도와 개혁을 이끌고 실학을 발전시켰다. 그러나 정조가 죽은 뒤 길고 긴 유배를 떠나게 되는데…….

정약용, 유배지에서 큰 학문을 이루다

1800년, 고향으로 돌아와 오랜만에 한가한 시간을 보내고 있던 정약용은 하늘이 무너지는 듯한 소식을 들었어. 불과 보름 전만 해도 책을 보내 주며 안부를 묻던 정조가 갑자기 세상을 떠났다는 거야. 정약용은 목 놓아 울며 부랴부랴 한양으로 달려갔어.

정약용에게 정조는 그저 단순한 왕이 아니었어. 뜻을 같이한 동지였고, 학문을 토론하는 동반자였으며, 자신에게 쏟아지는 노론의 공격을 막아 주던 든든한 울타리였지.

정약용이 정조를 처음 만난 것은 1783년이었어. 세자 책봉을 축하하기 위해 치러진 과거에서 정약용이 생원*으로 합격했거든. 왕에게 인사를 하는 자리에서 정조가 물었어.

"몇 년 생이냐?"

"임오년 생입니다."

임오년은 1762년을 말해. 정약용이 태어난 그해는 정조의 아버지인 사도 세자가 세상을 떠난 해이기도 했어.

생원이 된 정약용은 성균관에 들어가 공부하기 시작했어. 성균관은 조선 시대 최고 교육 기관으로, 과거의 1차 시험이라 할 수 있는 초시에 합격한 사람들이 함께 머물며 공부하던 곳이야. 성균관에서 공부한 다음에야 과거의 최종 관문인 대과 시험을 치를 수 있었어.

정약용이 성균관에 들어간 이듬해, 정조는 학생들에게 《중용》이라는 책에서 의문 나는 점 70가지를 뽑아 이에 답하라는 숙제를 냈어. 이때 학생들이 낸 대답 중 정약용의 것이 정조의 마음에 쏙 들었나 봐.

"유독 이 답안이 특이하구나. 틀림없이 학문이 높은 선비일 것이다."

이렇게 정약용은 정조의 눈에 들었지.

그 무렵 정조는 성균관 학생들 가운데 성적이 우수한 사람들에게 상으로 책을 주곤 했는데, 정약용은 이때에도 1등을 놓치지 않아서 나중에는 더 이상

생원 조선 시대에 과거의 한 종류인 생원과에 합격한 사람

받을 책이 없을 정도였대. 그런데도 과거의 최종 시험이라 할 수 있는 대과에서는 네 번이나 떨어졌어.

　아마도 정약용이 남인이라, 당시 권력을 쥐고 있던 노론이 견제했기 때문일 거야. 남인의 지도자 채제공이 우의정이 된 다음에야 대과에 합격했지. 대과에 합격해 벼슬길에 오른 정약용은 정조의 총애를 받는 신하로 성장해 갔어.

　관직에 오르던 해, 정약용이 맨 처음 맡은 일은 한강에 배다리를 설계하는 거였어. 당시 정조는 사도 세자의 묘를 수원 화성으로 옮겼는데, 화성에 자주 행차˙하려면 한강을 건널 다리가 필요했거든. 그런데 한강은 다리를 놓기가 힘든 큰 강이라 임시로 놓는 다리인 배다리를 이용하기로 한 거야.

서학 책을 보며 서양의 과학 기술을 공부해 온 정약용은, 강의 이쪽 끝에서 저쪽 끝까지 서로 크기와 높이가 다른 배 80척의 옆면이 맞닿도록 연결하고 그 위에 판자를 놓은 배다리의 설계도를 그려 올렸지. 당시로써는 굉장한 기술이 필요했던 일이야. 하지만 임무 완수! 어때, 정약용에 대한 정조의 믿음이 더욱 커졌겠지?

그러나 정약용이 정조의 사랑을 받을수록 노론 쪽 신하들은 그를 더욱 못마땅하게 여겼어. 이들은 정약용이 중요한 관직에 나가지 못하도록 방해하거나 그에 대한 일이라면 뭐든 물고 늘어지기도 했어.

정약용은 이를 참지 못하고 벼슬을 그만두려 했어. 정조는 이런 일로 물러나면 앞으로 어떤 벼슬도 할 수 없다며 버티라고 했지만 천성이 꼿꼿했던 정약용은 그럴 수 없었어. 결국 벼슬에서 물러났지. 그 때문에 귀양도 가야 했고.

뭐, 귀양살이는 열흘 만에 끝났으니까 걱정할 건 없어. 귀양에서 돌아오는 길에 정약용은 평소 앓고 있던 피부병이 나아질까 싶어 충청도 온양의 온천에 들렀어. 그때 불현듯 사도 세자가 생각났지. 사도 세자도 종기를 치료하기 위해 그곳에 머문 적이 있었거든.

일하는 사람에게 물어보니 온양의 온천에 사도 세자가 심은 홰나무와 살아생전 활을 쏜 것을 기념해 세운 단이 남아 있다는 거야. 그래서 둘러보았더니 돌보는 사람이 없어 나무 옆에는 쓰레기가 쌓여 있고 단은 무너져 있는 게 아니겠어? 정약용은 사람을 시켜 이를 수리하고 깨끗이 관리하도록 했어.

행차 임금이나 어른이 길을 나서는 것

나중에 이 소식을 들은 정조는 무척 기뻐했어. 하지만 정약용을 보는 노론의 눈길은 더욱 사나워졌지.

한양으로 올라온 정약용은 다시 벼슬길에 나아갔어. 그러다 몇 년 뒤 아버지가 돌아가셔서 삼년상을 치르려고 고향으로 내려왔지. 조선 시대에는 부모님이 돌아가시면, 산소 옆에 작은 움막을 지어 놓고 3년 동안 그곳에서 살면

서산소를 지켜야 했거든.

정약용은 이렇게 또 한양을 떠나게 되었지만 이때 정조는 정약용에게 한 가지 임무를 맡겼어. 사도 세자의 묘가 있는 화산에 성을 쌓으려고 하니 그 성의 설계를 하라는 것이었어. 그 일이라면 조정을 떠나 있어도 할 수 있으니까.

정약용(1762~1836)
조선 후기의 학자. 정조 임금의 개혁 정책을 돕고 배다리와 수원 화성 등도 설계했다. 또한 백성들의 삶이 어떻게 하면 나아질까 고민하며 많은 책을 집필했다.

정약용은 아버지의 삼년상을 치르며 화성, 그러니까 오늘날 수원 화성을 설계했고, 화성을 짓는 데 필요한 거중기와 유형거 등의 기계도 만들었어. 거중기는 도르래의 원리를 이용해 무거운 물건을 큰 힘 들이지 않고 들어 올릴 수 있는 기계야. 유형거는 수레의 일종으로, 일반 수레의 불편한 점을 보완해 만든 것이지. 일반 수레 100대가 324일 걸려 운반하던 짐을 유형거 70대로 154일 만에 운반했다는 기록이 있는 것을 보면, 그 기능이 매우 뛰어났던 것 같지?

정약용은 화성을 지을 때에 백성들을 강제로 데려와 일을 시키는 대신 품삯을 주고 일꾼을 모집했어. 또 일을 잘하는 사람에게는 더 많은 품삯을 주자는 의견도 냈지.

일을 시켰으니 돈을 주는 건 당연한 거 아니냐고? 물론 지금은 당연한 일이지만 당시에는 매우 앞선 생각이었어. 그때까지는 나라에서 성을 쌓거나 다리를 만들 때 백성들을 강제로 불러 일을 시켰거든. 아무런 대가가 없었으니 백성들도 그다지 열심히 일하지 않았고, 그러다 보니 일의 능률도 떨어졌지. 게다가 농사일로 바쁠 때에 나오라고 하면 백성들의 원망이 얼마나 컸겠어.

그런데 이제 일한 대가를 주는 것은 물론, 열심히 일하면 더 많이 준다니! 일의 능률이 오르면서 예상보다 훨씬 빠르게 화성을 완성할 수 있었어. 백성들은 백성들대로 어려운 살림살이에 보탬이 되니 좋았고.

◆◆◆

아버지의 삼년상이 끝난 뒤에 정약용은 정조의 특별 명령을 받아 암행어사로 활동했어. 이로써 백성들의 힘든 삶을 가까이에서 볼 수 있었는데, 이는 나중에 정약용의 사상과 저술에 많은 영향을 주었지.

그런데 이 무렵 천주교가 점점 사회 문제가 되고 있었어. 조선에 처음 서양 학문이 전해져서 그에 대한 책을 읽고 연구하던 것이 서학이잖아. 서학은 그저 새로운 문물에 대한 공부였기 때문에 별 문제가 없었어. 그런데 서학을 넘어 서양 종교, 그러니까 천주교를 믿는 사람들까지 생겨나자 문제가 된 거야.

천주교를 믿는 사람 대부분이 남인이었다고 말했지? 노론은 이를 교묘히

암행어사 비밀스럽게 다니면서 백성의 어려움을 살피던 벼슬

이용했어. 정조의 신뢰를 받으며 점점 세력을 키우던 남인을 견제하는 방법으로 천주교라는 핑계를 이용한 거야.

우리나라에서 천주교를 최초로 받아들인 이벽, 이승훈 등이 모두 정약용의 친척들이라 정약용 형제들은 자연스레 천주교를 접했어. 하지만 천주교에서 부모의 제사를 모시지 않는다는 것을 나중에 알게 된 뒤에는, 정약용의 바로 윗 형인 정약종만 빼고 다른 형제들은 천주교를 믿지 않았어. 그래도 노론은 계속 꼬투리를 잡았지.

이 때문에 정약용은 벼슬에서 쫓겨나기도 했고, 지방으로 내려가기도 했어. 어떻게든 정약용을 보호하려고 정조가 잠깐 지방에 숨기기도 했고. 그럼에도 또다시 공격당하자 정약용은 잠시 벼슬에서 물러나 고향으로 내려갔어. 그러던 어느 날, 정조가 세상을 떠났다는 소식을 들은 거야.

 정조가 죽고 난 뒤 정약용은 어떻게 되었을까?

정조의 뒤를 이어서 열한 살의 순조가 왕위에 올랐어. 아직 순조가 어려 영조의 왕비였던 정순 왕후가 수렴청정을 했는데, 정순 왕후는 노론 가문 사람이었지.

노론 가문이 다시 권력을 잡았으니, 정약용은 속수무책으로 당할 수밖에. 정약용의 형제들도 마찬가지였어. 끝까지 천주교를 믿었던 셋째 형 정약종은 처형당했고, 둘째 형 정약전과 정약용도 먼 남쪽 땅으로 유배를 가야 했어.

유배를 떠난 사람들은 보통 화를 삭이지 못한 채 병으로 세상을 떠나거나, 세상을 원망하며 세월을 보내는 경우가 많아. 더구나 정약용은 언제 유배가 풀릴지 짐작조차 할 수 없는 상황이었잖아. 그렇게 18년이라는 긴 세월을 남쪽 끝 외진 땅에서 보냈으니……. 하지만 정약용은 이 시간을 그저 세상 탓이나 하며 흘려 버리지 않았어. 열심히 책을 읽었고, 글을 썼지. 제자들도 길렀고. 정약용이 후대에 남긴 책들은 대부분 이때 쓰여졌어.

처음에는 성리학 공부로 시작했지만, 백성들의 힘든 생활을 직접 경험하면서 정약용은 어떻게 하면 백성의 삶이 나아질까 하는 개혁적인 방향을 고민하며 학문을 연구해 나갔어.

그래서 나온 것이 국가의 제도와 기관, 토지와 세금 문제에 대한 내용을 담은 《경세유표》, 지방의 관리가 백성들을 어떻게 다스려야 하는지에 대한 내용을 담은 《목민심서》 같은 책이야.

정약용은 유배가 풀려 고향에 돌아와서도 벼슬에 나가지 않고 연구와 글

쓰는 일에만 몰두하다가 1836년 세상을 떠났어.

뒷날 사람들이 정약용을 위대하다고 평가하는 이유는, 그가 정조의 신뢰를 받았기 때문도, 많은 책을 썼기 때문도 아니야. 정약용이 연구하고 남긴 책들은 단순히 성리학 연구나 해석이 아니라 더 나은 세상을 만들기 위한 현실적인 방법이었고, 그 생각이 당시 사람들보다 많이 앞서 있었기 때문이지. 그는 백성이 나라의 주인이며, 다스리는 자는 백성을 위해서 있는 것이라고 했어. 또한 양반이라고 놀고먹지 말고 차라리 땅이라도 일구어 일을 하라고 주장했지.

오늘날 우리들이야 이런 것들이 당연하다고 여기지만 백성은 양반을 위해 존재하고, 양반이 일하는 것을 수치로 알았던 시대에 이런 주장을 했다는 것은 정말 혁신적인 것이었어.

복습하는 인물 연표	1762년	1796년	1800년	1801년	1836년
	사도 세자가 세상을 떠난 해. 정약용이 태어났다.	정약용이 설계한 수원 화성이 완성되었다.	정조가 갑자기 세상을 떠났다.	정약용이 18년 동안의 긴 유배를 떠났다.	세상을 뜰 때까지 실학사상을 집대성했다.

백성을 다스리는 방법을 적은 《목민심서》

《목민심서》는 정약용이 1818년에 완성한 책이야. 조선 시대 백성을 다스리던 관리를 목민관이라고 했으니, 책 제목을 풀면 '백성을 다스리는 수령이 마음에 새겨야 할 책'이라고 할 수 있어.

정약용은 아버지가 여러 고을의 수령으로 있었기 때문에 어릴 적부터 백성들을 다스린다는 게 어떤 일인지 배울 기회가 많았어. 또 자신도 암행어사로 지방을 돌면서, 수령들의 여러 모습을 보았지. 수령들이 자기 이익을 찾는 데에만 급급하면 어떤 문제가 생기는지 생생히 보기도 했고. 그래서 정약용은 책의 머리말에 이렇게 밝혔어.

"오늘날 백성을 다스리는 자들은 오직 거두어들이는 데에만 급급하고 백성을 어떻게 보살펴야 되는지는 알지 못한다. 이 때문에 백성들이 가난하고 병들어 진흙탕 속에 살고 있는데도 다스리는 자는 고운 옷과 맛있는 음식에 살찌고 있으니 슬프지 아니한가?"

이 책은 조선 후기 사회와 정치 문제를 백성들의 삶, 그리고 지방 관리의 업무와 관련시켜 밝히고 있어. 무엇보다 이 책이 지금까지 인정받는 이유는 고을을 다스리는 사람의 입장에서 쓴 것이 아니라 백성들의 입장에서 썼기 때문이야.

> 정조 임금이 죽은 뒤 세도 정치가 이어지면서 백성들의 생활은 무척 어려워졌다. 참다못한 농민들은 결국 봉기를 일으키는데…….

홍경래,
가난한 백성들의 영웅이 되다

"조정에서는 서쪽 땅을 썩은 땅처럼 버리고, 심지어 권세 있는 집 노비들조차도 서쪽 사람들을 보면 반드시 평안도 놈이라고 하오. 또 현재 임금이 나이가 어리니 권세 있는 간신배가 점점 기승을 부려 나라를 자기 마음대로 하고 있소. 다행히 세상을 구할 성인이 나타났으니, 성문을 활짝 열어 우리 군대를 맞으시오. 만약 어리석게도 반항하는 사람이 있으면 모두 무찔러 남기지 않을 것이오."

뭔가 으스스하지? 누가, 어떤 상황에서, 저런 이야기를 했는지 알아볼까?

◇◇◇

이 말은 1811년 12월 18일 홍경래라는 사람이 일으킨 봉기의 시작을 알리는 선언이야. '봉기'라는 말은 벌 떼처럼 일어나 항의한다는 뜻이지. 뭘 항의했냐고? 앞의 말을 차근차근 따져 보자. 먼저 이런 말을 했어.

"조정에서는 서쪽 땅을 썩은 땅처럼 버리고, 심지어 권세 있는 집 노비들조차도 서쪽 사람을 보면 반드시 평안도 놈이라고 한다."

여기에서 서쪽 땅은 평안도 지역을 말하는데 평안도 지역이 차별받고 있다는 사실에 분노한 거야.

실제로 서북 지방, 그러니까 함경도와 평안도 출신 사람들은 과거에 합격해도 중요한 벼슬에 나아가는 경우가 별로 없었어. 그나마 함경도는 국경 지역이라 나라에서 관심을 갖고 필요한 정책을 펼치기도 했지만, 여기에서도 평안도는 제외되었지.

보통 알려진 바로, 홍경래는 가난한 양반이었는데 어려운 형편 속에서도 열심히 공부하여 과거 시험을 치렀대. 그렇지만 평안도 출신을 차별 대우하여 결국 과거에 떨어지자 봉기를 일으켰

다고 해. 하지만 사실 홍경래가 양반 출신인지 평민 출신인지는 정확하지 않아. 가난했어도 어려서부터 대담하고 힘이 셌으며, 총명했다는 이야기는 전하지만.

홍경래의 선언에서는 또 "현재 임금이 나이가 어리니 권세 있는 간신배가 점점 기승을 부리고 나라를 자기 마음대로 하고 있다."라고 했어. 이 말이 무슨 뜻인지도 한번 살펴볼까?

정조가 죽자 열한 살의 어린 순조가 왕위에 올랐고, 정순 왕후가 수렴 청정을 하기 시작했어. 그리고 정순 왕후는 노론 가문의 여인이었다는 이야기, 앞에서 했지?

다행히 3년 뒤 수렴청정이 끝나고 정순 왕후도 얼마 안 있어 세상을 떠났어. 이제 열네 살이 된 순조는 정순 왕후를 돕던 인물들을 쫓아내고 왕권을 당당히 세우려 했지. 이를 순조의 장인인 김조순이 도왔는데, 문제는 그러면서 김조순의 세력이 너무 커졌다는 거야.

김조순은 자신의 집안, 안동 김씨 사람들을 중요한 관직에 모두 앉혔어. 그러고는 나라의 정치를 좌우하기 시작했지. 이렇게 왕의 가까운 친척이나 신하가 정치를 마음대로 하는 것을 '세도 정치'라고 해.

홍경래는 세도 정치를 봉기의 또 다른 이유로 든 거야. 세도 정치를 하던 관리들은 자기 집안의 이익만 챙기느라 백성들의 삶은 돌보지 않았거든. 엎친 데 덮친 격으로 그 무렵 큰 흉년이 들어 백성들이 굶주림에 시달렸는데, 세도 가문들은 백성들을 구할 방법을 내놓기는커녕 어김없이 세금을 거뒀어. 당시 거리에는 굶어 죽은 백성들의 시체가 널려 있을 정도였지.

◆ ◆ ◆

홍경래는 세도 정치로 고통받는 백성을 구하기 위해 오랫동안 봉기를 준비했어. 가슴에 한을 품은 채 세상을 떠돌며 동지들과 돈을 모았지.

가장 처음 만난 동지는 우군칙이었어. 양반의 서자라고도 하고, 노비의 조카라고도 전해지는 우군칙은 풍수지리*에 밝았고, 점도 잘 봤어. 또 잔꾀가 많아서 최고의 동지이자 전략가가 되었지. 의기투합한 두 사람은 부자였던 이희저를 끌어들였고, 가난했지만 양반 출신이었던 김창시, 김사용도 설득해 데려왔어.

그렇게 10년 동안 세상을 떠돌며 뜻을 함께할 사람들을 모은 홍경래는 1810년 마침내 구체적인 계획을 완성했어. 군사들을 앞세워 평안도를 일단 손에 넣고, 다음에는 한양까지 단숨에 쳐들어가는 것!

그러기 위해서는 관군에 맞설 수 있게 잘 훈련된 군사와 무기, 돈이 필요했

풍수지리 지형과 방위를 인간의 삶에 연결시키는 이론

어. 홍경래는 상인층을 끌어들이고 때로는 가짜 돈을 찍어 냈지. 염전을 만들어 돈을 벌기도 했고. 또 군사들을 모으기 위해서 금광을 연다는 소문을 퍼뜨렸어. 일단 그렇게 일꾼을 모은 뒤 이들에게 돈을 주면서 군사 훈련을 시킨 거야. 다른 한편으로는 1812년에 새 나라가 세워진다는 예언을 퍼뜨려 백성들의 마음을 흔들었고.

두둥! 드디어 12월 18일 어둠이 내릴 무렵, 약 1,000명의 군사를 모아 놓고 홍경래는 쩌렁쩌렁한 목소리로 선언문을 읽었어. 연설이 끝나자마자 군사들은 둘로 나뉘어 남과 북으로 나아갔어. 남쪽으로 나아가는 군대는 홍경래와 우군칙이 이끌고, 북쪽으로 나아가는 군대는 김사용과 김창시가 이끌었지.

홍경래가 이끈 남진군은 곧 가산, 박천, 태천 등의 지역을 손에 넣었고, 북진군도 곽산, 선천 등을 차지했어. 열흘 만에 10곳이 넘는 지역을 차지할 만큼 홍경래의 봉기는 매우 순조롭게 시작됐어.

또 이들은 한 지역에 들어가면 관청부터 덮쳐 무기를 차지하고, 창고의 곡식을 마을에 나누어 주면서 백성들의 마음

을 얻어 나갔어.

그런데 **아뿔싸!** 예상치 못한 문제가 생기고 말았어. 평안도에서 군사적으로 가장 중요한 지역인 안주성 공격을 앞두고 지도부끼리 서로 의견이 달라 다투던 중에 홍경래가 부상을 당한 거야.

그러면서 며칠 동안 진격을 멈출 수밖에 없었는데, 그 사이 관군들이 속속 모여들었지. 이 소식에 봉기군 가운데 도망가는 사람들도 나오기 시작했어. 음, 어째 느낌이 좋지 않네.

홍경래는 부상에도 불구하고 남진군을 지휘하며 관군과 큰 싸움을 벌였어. 처음에는 봉기군이 기세를 올렸지만 관군을 돕는 군대가 계속 도착하면서 결국 크게 져서 정주성까지 물

홍경래 * 107

러나야 했지. 북진군도 겨우 살아남은 군사들만이 정주성으로 도망쳐 왔고.

봉기군은 이제 정주성에 완전히 갇혀 버렸어. 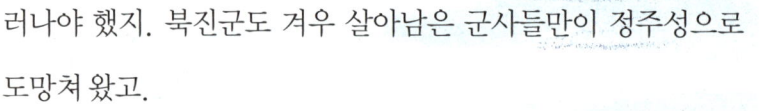관군의 줄기찬 공격에 성문을 꼭 닫아걸고 저항했지. 홍경래의 마음은 어땠을까? 홍경래는 어차피 항복해도 목숨을 건질 수 없다는 것을 잘 알고 있었어. 그 때문에 죽기 살기로 싸울 수밖에 없었지.

그런데 이때 정주성에 있던 봉기군은 처음부터 홍경래와 뜻을 같이한 동지보다는 나중에 관군을 피해 뒤따라온 사람이 훨씬 많았어. 관군들이 마을마다 불을 지르고, 농민들을 수없이 죽였거든.

이를 피해 다들 성안으로 들어온 거야.

이처럼 훈련도 받지 못한 백성들이었지만, 물러설 곳이 없어서 그저 버틸 뿐이었어. 그래서 결국 어떻게 되었냐고? 관군은 성벽 밑에 굴을 파고 화약을 터뜨려 성벽을 무너뜨렸어. 그렇게 봉기는 진압되었지.

마지막까지 싸움을 지휘하던 홍경래는 총탄에 맞아 쓰러졌어. 당시 보고서에 따르면, 그때 2,938명의 사람이 잡혔는데, 열 살이 안 된 남자아이와 여자를 제외하고 몽땅 처형되었대. 아, 참 끔찍하다.

그 뒤 조선의 역사는 홍경래를 나라를 어지럽힌 역적으로 기록했어. 하지만 홍경래의 정신은 백성들 마음속에 여전히 살아남았어. 잘못된 정치에 반항하는 크고 작은 봉기가 잇달아 일어났고, 사람들은 수군거렸지.

"정주성이 무너질 때 홍경래는 몸을 날려 먼 곳으로 달아났대. 그날 죽은 사람은 가짜 홍경래래."

백성들의 마음속에서 홍경래는 영웅이었던 거야. 그 영웅이 죽지 않고 살아남아 힘겨운 현실에서 자신들을 구원해 주길 기다린 거고.

	1777년	1800년	1811년	1812년	1862년
복습하는 인물 연표	평안도에서 홍경래가 태어났다.	순조가 조선 제23대 왕에 올랐고, 세도 정치가 시작되었다.	홍경래의 난이 일어났다.	홍경래의 난이 관군에게 진압되었고, 홍경래는 총에 맞아 목숨을 잃었다.	진주 농민 봉기가 일어나 전국적으로 퍼져 나갔다.

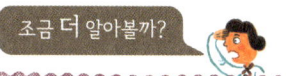

백성들의 울분이 담긴 진주 농민 봉기

순조, 헌종, 철종으로 이어지는 왕들은 모두 어리고 힘이 없었어. 그 틈을 타 안동 김씨와 풍양 조씨 집안이 나라를 제멋대로 다스렸지. 이들은 백성들의 삶에는 아무 관심이 없고, 오로지 자신들의 권력과 이익만을 쫓았어.

지방의 관리들도 마찬가지였어. 1861년 경상도 진주 지방에 새로 온 관리 백낙신은 그중 가장 악질이었어. 갖은 핑계를 대며 세금을 걷어 자기 욕심만 채웠거든. 백성들이 여러 번 항의를 했는데도 소용이 없자, 성난 백성들은 결국 진주 읍내로 가서 악명 높은 관리들의 집을 모조리 부수고 불태워 버렸지. 진주의 이 일이 소문나면서 비슷한 일을 겪은 농민들의 분노는 들불처럼 번졌어. 그렇게 진주 농민 봉기는 전라도와 충청도까지 이어졌어.

홍경래의 난 이후로 일어난 백성들의 봉기 중 가장 규모가 컸던 것이 바로 진주 농민 봉기야. 하지만 그 뒤로도 백성들의 삶은 나아지지 않았어. 그렇게 농민들의 분노는 계속 이어져 1894년 동학 농민 운동으로 다시 불타올랐지.

> ◀◀ 실학이 활발하게 일어나던 시기, 오늘날의 지도에 견주어도 매우 정확하고 뛰어나기로 손꼽히는 <대동여지도>가 탄생했어. 이 지도를 만든 이는 김정호였는데…….

김정호,
최고의 지도 <대동여지도>를 완성하다

오른쪽 사진을 보자. <대동여지도>라는 우리나라 지도야.

사진으로 보아서 잘 모르겠지만, 이 지도는 실제 크기가 가로 3.8미터, 세로 6.7미터나 된대. 생각보다 엄청 크지? 지금까지 전하는 우리나라 지도 가운데 가장 커.

이 지도가 만들어진 것은 1861년, 그러니까 지금으로부터 약 150년 전이야. 그런데 오늘날 발달된 기술로 제작한 지도와 큰 차이가 없을 만큼 정확해서 그 가치를 크게 인정받고 있어. 지도의 생명은 무엇보다 정확성일 테니까.

〈대동여지도〉는 산과 강, 도로 등을 자세하고 보기 쉽게 나타낸 것은 물론, 찬찬히 살펴보면 여러 가지 아이디어가 돋보여.

☝ 그중 하나는 이 지도가 책으로 되어 있다는 거야. 생각해 봐. 지도가 너무 크면 갖고 다니기 불편하고, 한번 펼쳐 보는 것도 무척 번거롭겠지? 그런데 이 지도는 가로로 줄을 친 것처럼 22단으로 나누어져 있고, 나뉜 단은 모두 책처럼 접혀. 이로써 가로 20센티미터, 세로 30센티미터인 책 22권이 되는 거야.

만일 부산 지역이 보고 싶다면 22권의 책 가운데 부산이 있는 지도책만 쏙 꺼내 펼쳐 보면 돼. 그러면 좌우로, 지도상으로는 동서로 부산 부근의 지도를 살펴볼 수 있겠지? 물론 22권을 한꺼번에 펼쳐 놓으면 우리나라 지역 전체를 볼 수 있고 말이야.

어때, 진짜 좋은 아이디어지?

그것뿐만이 아니야. 일정한 기호를 사용해 사람들이 지도를 손쉽게 알아볼 수 있게 했고, 길에는 10리마다 점을 찍어 거리를 표현했어. 참, 직선 길의 경우에는 점의 간격을 넓게, 산길처럼 가파르고 꼬불꼬불한 길에는 점의 간격을 촘촘히 해서 지도만 보고도 걸을 때 걸리는 시간까지 알 수 있게 했다니 참 세심한 배려지?

또 이 지도는 나무판으로 만들어 여러 장 인쇄할 수 있도록 했어.

❖❖❖

우리 역사상 최고의 지도라 할 수 있는 이 〈대동여지도〉를 만든 사람이 바로 김정호야. 그런데 그가 어떤 사람이었고 어떻게 살았는지 알려 주는 자료는 거의 전하지 않아. 아마도 신분이 높지 않았기 때문에 그런 거 같아.

그러다 일제 강점기에 한 어린이 잡지에 김정호 이야기가 실렸지. 또 일본이 우리나라 사람들을 교육시키기 위해 만든 교과서인 《조선어독본》에도 김정호 이야기가 나오면서 많은 사람들이 김정호에 대해 관심을 갖게 되었어.

그럼 《조선어독본》에 어떤 내용이 있는지 먼저 살펴볼까?

친한 친구에게 〈읍지도〉 한 장을 얻었는데, 펴 보니 산도 있고 시내도 있고 마을의 모양이 손금을 보듯 자세했다. 김정호는 뛸 듯이 기뻐하며 그 지도를 가지고 동네마다 돌아다니며 일일이 맞추어 보았다. 그러나 생각과는 달리 지도는 실제 지형과 아주 딴판이었다.

리 거리의 단위, 1리는 약 400미터

실망한 그는 그 뒤 한양에 정확한 지도가 있다는 말을 듣고 곧 올라와 여기저기 부탁하여 궁중 규장각에 있는 〈조선팔도지도〉 한 벌을 얻었다. 그러나 그가 다시 황해도로 가서 실제로 조사한 결과 그 지도 역시 부정확함은 전의 〈읍지도〉와 다름이 없었다.

　'이거 원, 지도가 있다고 해도 이렇게 많이 틀려서야 해만 되지 이로움이 없을 것이다.'라고 탄식한 그는 자기 손으로 정확한 지도를 만드는 방법밖에는 다른 도리가 없다는 것을 깨달았다. …… 김정호는 그동안 팔도를 세 번 돌아다니고 백두산을 여덟 차례나 올랐다. …… 그는 하나둘씩 나무판을 사 모으고 틈틈이 그의 딸과 함께 지도를 새겼다. …… 얼마 뒤 병인양요가 일어나자 김정호는 〈대동여지도〉를 어느 대장에게 건네주었다. 그 대장은 뛸 듯이 기뻐하며 이것을 흥선 대원군*에게 바쳤다. 하지만 외국을 항상 내치려 했던 흥선 대원군은 지도를 보고 크게 화를 내며 말했다.

　"함부로 이런 것을 만들다니! 이것 때문에 나라의 비밀이 다른 나라에 누설되면 큰일이 아니냐."

흥선 대원군 고종 임금의 아버지로 고종을 대신해 19세기 후반 조선의 정치를 이끎.

흥선 대원군은 지도판을 압수해 불태우고 김정호 부녀를 잡아 옥에 가두었다. 부녀는 그 뒤 옥에서 고난을 당하다가 죽었다.

◈◈◈

이 내용은 얼마 전까지 초등학교 교과서에 거의 그대로 실려 있었어. 그러니까 몇 십 년 동안 사람들은 김정호에 대해 이렇게 배운 거야.

그런데 최근에 역사학자들은 《조선어독본》에 실린 이야기가 사실이 아니라는 것을 밝혀냈어. 일본이 일부러 여러 부분을 거짓으로 꾸며 냈다는 거야. 그럼 어떤 부분이 거짓이고, 왜 거짓말을 했는지 하나씩 따져 보자.

먼저, 김정호가 그때까지 전하던 지도들에 크게 실망하고 직접 지도를 만들기로 했다는 부분이야. 일단 그것부터가 사실과 달라.

우리나라에는 오래전부터 지도가 있었어. 오늘날 전하지는 않지만 삼국 시대부터 지도를 그렸다는 기록이 있고, 고려 시대에도 전국 지도를 그렸다고 전해지지. 또 조선 시대에 와서는 세종이 각 지방의 관리들에게 지도를 만드는 데에 필요한 내용들을 자세히 보고하게 하고, 우리나라 지형의 높낮이, 면적 등을 재서 지도를 그리게 했다는 기록이 있어.

그래서 김정호 이전에도 나흥유, 양성지, 윤영 같은 사람들이 훌륭한 지도를 그려 냈고, 지리학에 관심을 갖고 연구하는 학자들도 꽤 있었어.

그런데 왜 《조선어독본》에는 그전 지도들이 정확하지 못하다고 나와 있을까? 김정호의 업적을 더 돋보이게 하려는 뜻도 있겠지만 아마 거기에는 일본

의 다른 꿍꿍이셈이 숨어 있을 거야.

음, 그러니까 김정호 이전까지 조선은 제대로 된 지도 한 장 그릴 수 없는 수준이었으니, 일본의 지배를 받는 게 당연하다고 말이야.

두 번째, 김정호가 지도를 만들기 위해 팔도를 세 번 돌아다니고 백두산을 여덟 차례나 올랐다고 했잖아. 이것도 그대로 믿기 어려워.

팔도, 그러니까 조선 전체를 구석구석 세 번이나 돌아다니고 백두산을 여덟 번 오른다는 것은 오늘날 자동차를 타고 이동한다고 해도 엄청 고생스런 일이야. 하물며 당시는 걸어서 다녔을 거란 말이야. 말을 타고 다녔을 수도 있다고? 음, 그런데 김정호가 양반이 아닌 평민의 신분이었다는 걸 생각해 보면 말을 타고 다니진 못했을 거야.

그럼 김정호는 어떻게 지도를 만들었을까?

김정호의 친구였고, 실제로 그의 지도 연구를 많이 돕기도 했던 최한기라는 학자가 쓴 글에 힌트가 나와 있어.

"나의 벗 김정호는 소년 시절부터 지리학에 뜻을 두고 오랫동안 자료를 찾아서 지도 만드는 모든 방법의 장단을 자세히 살피며, 늘 한가한 때에 연구 토론하였다."

김정호 이전에도 훌륭한 지도와 지리에 관한 책이 꽤 있었다고 했지? 김정호는 이 책들을 연구하고 그 장점들을 두루 모아 최고의 작품을 만들어 냈던 거야.

당시 사람들이 남긴 기록 어디에도 김정호가 전국을 직접 돌아다니며 지도를 만들었다는 이야기는 없어. 이처럼 여러 자료를 자세히 살피며 연구했다는 내용만 전할 뿐이지.

여기에서 드는 궁금증 하나! 김정호는 양반이 아니었다고 했지? 그런데 지도에 관한 자료들을 어떻게 구해서 연구했던 걸까? 지금처럼 도서관이 있어서 책을 쉽게 빌릴 수 있었던 것도 아니고, 또 옛날에는 지금보다 책이 훨씬 귀했는데 말이야.

　실생활에 쓸모 있고 정확한 지도를 만들려는 김정호의 뜻을 이해하고 도와준 사람들이 있었어. 앞에서 말한 최한기가 대표적인 인물이고, 흥선 대원군이 나라를 다스릴 때 훈련대장으로 있었던 신헌이라는 사람도 김정호의 작업에 관심을 갖고 많이 도와주었지.

　신헌이 쓴 글에도 김정호에 대한 이야기가 나와.

　"나는 일찍이 우리나라 지도에 깊은 관심을 갖고 있어 비변사*나 규장각에 있는 지도, 그리고 오래된 집에서 나오는 낡은 지도 등을 두루 수집하였다. 또 여러 지도를 서로 대조하고 여러 지리책을 참고하여 완벽한 지도 하나를 만들려고 노력했다. 나는 이 작업을 김정호에게 맡겨 완성했다."

　이 글을 보면 신헌이 자료를 수집하고, 지도 완성 작업을 김정호에게 부탁한 것으로 보이네.

　이런 사람들의 도움을 얻어 김정호는 오래된 지도와 지도책들을 구할 수 있었고, 이를 바탕으로 연구하며 지도를 그려 나갔어.

　그렇다고 〈대동여지도〉 같은 명작을 한 번에 뚝딱 완성한 건 아니야.

　처음 완성한 지도는 1834년에 만든 〈청구도〉였어. 조선 팔도를 세로 22개, 가로 29개의 눈금으로 나눈 다음 지형을 그려 넣은 것으로, 이 지도 역시 매우 정확하다는 평가를 받아. 또한 자연, 역사, 경제까지 많은 정보를 세세히 적어 놨지.

비변사 조선 중·후기 정치의 중심 기관

하지만 〈청구도〉는 정보가 너무 많아 복잡하다는 단점이 있었는데, 그것을 보완하여 만든 것이 〈대동여지도〉야. 30여 년이나 공들여 완성한 〈대동여지도〉는 동해안의 포항 근처와 제주도에서 육지까지의 거리 등 몇몇 군데를 제외하면 오늘날 지도와 거의 일치할 만큼 매우 정확해.

〈대동여지도〉를 완성한 뒤에는 《대동지지》라는 책도 만들었어. 〈대동여지도〉가 완전해지려면 그 지도를 설명해 주는 상세한 지리책까지 있어야 한다고 생각했거든. 그래서 〈청구도〉에서 썼던 자연, 역사, 경제에 대한 정보를 상세히 담고 이를 더 보완해 책으로 엮었어. 그렇게 나온 《대동지지》는 총 32권으로, 그때까지 우리나라 지리책에는 없었던 역사적 사실들을 풍부하게 기록해 지리학의 발전에 크게 이바지했다는 평가를 받아.

◆ ◆ ◆

자, 이제 김정호의 죽음에 대해서도 알아볼까?

《조선어독본》에 따르면, 김정호의 〈대동여지도〉가 흥선 대원군에게 전해졌는데, 이를 본 흥선 대원군이 나라의 비밀이 누설될까 염려해 지도판을 압수해 불태우고, 김정호와 그 딸을 옥에 가두었다고 했잖아. 김정호는 그렇게 옥에서 죽었다고 하고.

이 말도 사실로 믿기는 어려워. 일단 흥선 대원군이 살아 있던 무렵의 기록 어디에도 그런 내용을 찾아볼 수 없어. 또 김정호가 작업한 것들을 불태웠다는데, 〈대동여지도〉 지도판의 일부가 오늘날까지 전하고 있는걸. 김정호가 그린 지도, 지도책들도 다 지금까지 남아 있고.

이 역시 김정호의 삶을 좀 더 흥미진진하게 만들기 위해 꾸몄거나, 흥선 대원군이 무능력하고 나쁜 사람이라는 인상을 심어 주기 위해 일부러 지어낸 이야기인 게 분명해. 조선의 지도자들이 가치 있는 보물을 알아보지도 못하고, 김정호를 옥에 가둬 죽인 인정머리 없는 사람들이었다고 말하기 위해서 말이야.

이처럼 역사는 누가 어떤 마음으로 썼느냐에 따라 사실과 다르게 왜곡되기도 해. 그래서 우리는 역사를 읽고 해석할 때 그 글을 쓴 사람이 누구이며 어떤 입장에서 썼는지 잘 생각하고, 그 가운데 진짜 중요한 메시지가 무엇인지 가릴 수 있어야 하지.

어떻게 그걸 다 알겠냐고? 그래, 쉬운 일은 아니지만 그렇기 때문에 역사가 중요하기도 하고, 또 재미있기도 해. 오늘날 우리가 살고 있는 이 시대도

 언젠가는 역사가 되겠지? 그 역사 역시 누가 어떤 입장에서 쓰느냐에 따라 서로 다른 색깔이 입혀질 수 있어.

 아, 이야기가 너무 진지해졌구나.

 마지막으로 김정호가 왜 지도를 만드는 데에 평생을 바쳤는지에 대해 알아보자. 여기에 대해서는 김정호가 글로 남긴 것이 있는데, 그 부분을 함께 읽어 볼까?

 "지도에 정통함은 군사 행동에 결정적인 영향을 주므로 국방을 위하여 정확한 지도는 반드시 필요하다. 또한 산천의 상황, 물길의 유무, 경작하는 땅의 위치를 확인하면 생산을 늘리고 백성들의 삶을 안정시키는 데 크게 도움이 될 것이다."

김정호는 지도가 나라의 국방을 튼튼히 하기 위해서나 경제를 발달시키는 데에 꼭 필요하다는 것을 분명히 알고 있었어. 그래서 정확하고 실용적인 지도를 만들기 위해 평생을 바쳤던 거야.

복습하는 인물 연표

?	1834년	1861년	1866년경	1934년
황해도 평민 집안에서 김정호가 태어났다.	김정호가 〈청구도〉 2첩을 완성했다.	〈청구도〉를 보완해 〈대동여지도〉를 완성했다.	지리서 《대동지지》를 완성했다.	조선 총독부가 김정호의 이야기가 실린 《조선어독본》을 발행했다.

김정호 이전에 나온 지도들

우리나라는 중국의 영향을 받아 지리학과 지도 기술이 일찍부터 발달했어. 고구려 영류왕 때 이미 고구려의 영토를 표시한 〈봉역도〉가 있었고, 고려 시대에 윤보라는 사람은 〈오천축국도〉를 그렸지. 〈오천축국도〉는 인도를 비롯해 불교와 관련 있는 나라들을 그린 불교 세계 지도라고 할 수 있는데, 지금은 전하지 않아.

조선 시대에는 서양 문물의 영향을 받아 동양 최초의 세계 지도가 탄생했어. 1402년 이회 등이 그린 〈혼일강리역대국도지도〉가 바로 그거야. 간단히 〈혼일강리도〉 또는 〈강리도〉라고도 부르지. 이 지도에는 중국을 중심으로 우리나라와 일본, 아라비아, 유럽, 아프리카가 표현되어 있어. 중국과 조선이 지나치게 크긴 하지만, 서유럽, 아프리카, 서남아시아를 비교적 자세히 그렸지.

1700년대에 정상기가 그린 〈동국지도〉는 축척과 방위가 정확한 대축척 지도로, 육지 길은 물론 바닷길도 상세히 표시했어.

이렇게 앞서 선조들이 지리 지식들을 많이 남겼기에 이를 기반으로 김정호가 〈대동여지도〉를 만들 수 있었던 거야.

고구려 영토
표시 지도

불교 세계
지도

동양 최초의
세계 지도

축척을 표시한
지도

> 서양의 종교 천주교가 전래되어 많은 백성들이 따르자, 최제우는 여기에 맞서 우리의 종교 동학을 세운다. 그러고는 혼란한 나라를 개혁하기 위해 노력하는데……

최제우, 우리의 종교 동학을 창시하다

서학이 들어오면서 천주교를 믿는 사람들이 점차 늘어났지만, 한편에선 천주교를 강하게 반대하는 사람들도 있었어. 이들은 서양 종교가 우리 것을 해치고 사회를 위태롭게 한다고 주장했지.

그 대표적인 사람들이 높은 관리나 양반들이었던 성리학자야. 사회 변화에 위기의식을 느낀 이들은 천주교를 믿는 사람들을 잡아들이고 죽이는 등 모진 탄압도 서슴지 않았어.

그러나 성리학은 이미 그 한계를 드러내고 있었어. 조선 후기로 오면서 상공업이 발달하고 신분 제도가 흔들리기 시작했는데, 여전히 성리학에서는 도덕과 예절이 가장 중요하고, 양반과 상놈을 엄격하게 구분했으니까.

백성들은 이제 개혁과 변화를 원했어. 이때! 마침 천주교가 들어와 사람은 누구나 평등하며, 천주님을 믿으면 누구나 천국에 갈 수 있다고 주장했어. 그러니 조선 백성들은 천주교에 마음을 홀딱 빼앗길 수 밖에.

그런데 성리학자들과는 또 다르게 이런 현상을 걱정하는 사람들이 있었어. 이대로 있다가는 서양에서 넘어온 종교가 온 백성들의 마음을 빼앗고, 이로써 조선이 서양의 지배를 받을 거라고 생각한 거야.

동학은 이런 생각에서 비롯된 종교야. 동학을 창시한 인물은 최제우이고, '동학'이라는 이름은 서학에 맞선다는 의미에서 지어졌지.

◆ ◆ ◆

1824년 태어난 최제우의 본래 이름은 최제선이었어. 그러다 서른다섯 살 되던 해 '어리석은 백성들을 구한다.'라는 뜻으로, 제(濟, 구제하다), 우(愚, 어리석다) 자를 써서 스스로 이름을 바꾸었대.

가난한 양반 집안에서 태어난 최제우는 여느 양반집 아이들처럼 과거를 보기 위해 성리학을 공부했어. 하지만 열여섯 살 때 아버지가 돌아가시자 집안 형편이 어려워져 공부를 계속할 수 없었지.

최제우는 먹고살기 위하여 이곳저곳을 떠돌며 장사를 하고, 의학이나 점술, 그러니까 점 보는 것을 배우기도 했어. 서당에서 아이들을 가르친 적도 있었고.

　스물한 살 때부터 서른한 살 때까지 10년 동안 이 일 저 일 닥치는 대로 하며 전국을 떠돌다 보니 조선의 백성들이 얼마나 힘들게 살고 있는지 생생하게 만날 수 있었지.

　정조가 세상을 떠난 다음, 나라의 권력은 몇몇 가문의 손에 들어갔고, 이들은 자기 가문의 이익만을 챙기기 바빴어. 이 틈을 타서 지방 관리들 역시 권력과 돈을 탐냈고. 그러다 보니 백성들의 삶이 점점 더 어려워졌지 뭐야.

　또 그 무렵 중국에는 서양 세력들이 몰려와 중국에 불리한 외교 관계를 강제로 맺고 있었어. 큰 나라 중국이 서양에 그렇게 당했으니 머지않아 우리도 침략당할 거라는 소문이 나라 전체에 퍼져 몹시 뒤숭숭한 상황이었지.

　온 세상이 병들었다고 판단한 최제우는 이 혼란한 세상을 누군가 구해야 한다고 생각했어. 그는 여기에 대한 답을 찾기 위해 불교와 서학을 공부했고, 이름 있는 사람을 찾아가 가르침을 얻어 보기도 했어. 그러나 신통한 답을 찾

지는 못했어.

결국 스스로 그 답을 찾겠다고 결심한 최제우는 깊은 사색에 잠기거나, 동굴에 들어가 49일 동안 기도를 드리기도 했어. 그러는 사이 집안 살림은 점점 어려워져 결국 살던 집까지 빼앗겼지. 하지만 어려움 속에서도 그는 포기하지 않았어.

"도를 얻을 때까지 세상 사람들과 어울리지 않으리라."라는 글귀를 써서 벽에 붙이고는 열심히 기도를 했지.

그러던 1860년 음력 4월 어느 날이었어. 별안간 몸이 떨리고 정신이 혼미해져 간신히 자리를 펴고 누웠는데, 하늘에서 또렷한 목소리가 들려오는 거야.

"세상 사람들은 나를 상제라고 부른다. 내 너를 세상에 내려 사람들에게 도를 전하려 하니 의심하지 말라."

최제우는 물었어.

"그럼 서양의 도로 사람들을 가르치는 것이옵니까?"

앗! 하늘의 목소리와 부적이다.

 그러자 하늘의 목소리가 대답했어.

 "아니다. 내게 신령한 부적이 있으니, 이것을 받아 사람들을 구하고 병을 고치며 세상에 덕을 펼쳐라."

 하늘의 목소리를 통해 자신이 해야 할 일을 깨달은 최제우는 우선 1년 동안 새로운 종교의 체계를 다듬어 나갔어. 주문을 만들고, 수행하는 방법을 정하

최제우(1824~1864)
동학의 창시자. 세도 정치와 몰려오는 서양 세력으로 혼란하던 시대, 우리나라의 민족 종교인 동학을 만들었다. 동학은 평등사상을 주장해 백성들의 많은 지지를 받았다.

고, 교리의 체계를 세웠지.

이때 동학의 경전《동경대전》과《용담유사》도 썼어.《동경대전》은 양반들이 읽도록 한문으로 쓴 것이고,《용담유사》는 글을 모르는 백성들이 노래처럼 외우도록 한 거야.

이렇게 우리 민족의 종교, 동학이 탄생되었어. 그럼 동학은 구체적으로 어

떤 종교일까? 동학의 가장 중요한 사상은 '인내천'과 '후천 개벽'이야.

먼저 '인내천'은 '사람이 곧 하늘'이라는 뜻으로, 사람의 마음이 하늘의 마음이며, 사람을 섬기는 것이 하늘을 섬기는 것이라는 주장이야. 사람은 모두 귀한 존재이며 모두 평등하다는 것이지. 또 양반과 상민의 구별도 남자와 여자의 구별도 없다고 했으니 이것은 천주교와도 크게 다르지 않아.

'후천 개벽'이라는 말은 지금의 세상이 끝나고 백성들이 바라는 새로운 세상이 열린다는 뜻이야. 당시 하루하루 살아가기 어려웠던 백성들에게 새로운 희망을 심어 주려 한 것이지.

이처럼 동학의 사상은 유교, 불교, 천주교뿐 아니라 전통적인 민간 신앙 등 여러 종교와 사상의 장점을 받아들인 것으로 볼 수 있어.

최제우는 하늘의 목소리를 들은 다음 해부터 자신의 깨우침을 전하기 시작했어. 6개월 동안 경상도 곳곳에서 무려 3,000명이 넘는 사람들이 최제우의 제자가 되어 동학의 가르침을 따르기 시작했지. 모든 사람이 다 귀하고 평등하며, 곧 새로운 세상이 열린다는 믿음은 힘들게 살고 있는 백성들에게 큰 위로가 되었거든.

반대로 양반들은 자신들이 그동안 누려 왔던 것들을 위협하는 이러한 생각이 매우 못마땅했어. 동학이 갑작스럽게 세력을 키워 나가자 위기의식도 느꼈고.

이들의 모함에 최제우는 백성들을 속이고 있다는 죄로 체포되었어. 그런데 이때 수백 명의 제자들이 몰려와 그의 가르침이 나라의 법을 어기지 않았다고 이야기하는 바람에 무죄로 풀려났다고 하네.

나라에서 최제우를 무죄로 풀어 주었다는 사실이 알려지면서 동학의 세력은 전보다 더욱 무섭게 커졌어. 그러자 이제 조정에서 직접 나서서 세상을 어지럽힌다는 이유로 동학을 탄압하기 시작했지. 당시 천주교에 대한 탄압이 심했기 때문에 최제우는 동학 역시 탄압받을 것을 예상하고 있었어.

최제우는 자신의 죽음이 얼마 남지 않았음을 예감하고, 제자 가운데 한 사람인 최시형을 후계자로 임명하고 동학을 계속 퍼뜨릴 것을 당부했어. 그리고 1863년 제자 스무 명과 함께 체포되어 다음 해 마흔한 살의 나이로 세상을 떠났지.

◈ ◈ ◈

최제우와 동학의 이야기를 살펴보면 동학을 단순히 종교라고만 말할 수는

없을 것 같아. 그보다는 어지러운 세상을 바로잡으려는 사회 운동에 가깝지. 서학을 비롯해 서양 세력으로부터 나라를 구하려 했고, 무엇보다 인간은 누구나 평등하다는 평등사상을 주장해 신분 제도로 오랫동안 고통받았던 많은 백성들의 입장을 대변해 주었거든.

복습하는 인물 연표	1824년	1840년경	1860년	1863년	1864년	1894년
	최제우가 경주에서 태어났다.	집안이 기울면서 유랑 생활을 시작했다.	최제우가 동학을 창시했다.	최시형을 동학의 제2대 교주로 임명했다.	조정의 박해로 최제우가 죽었다.	동학의 정신이 동학 농민 운동으로 이어졌다.

동학의 후계자, 최시형

1827년 태어난 최시형은 어릴 적 부모님을 잃고 어렵게 지냈어. 하지만 성실한 청년으로 자라 혼인도 하고 자기 땅에 농사를 지으며 열심히 살았지.

그러다 동학을 알고 믿기 시작한 뒤로 최시형은 한 달에 서너 번씩 최제우를 찾아가 공부하고, 배운 것을 실천하며 도를 닦았어. 결국 그는 최제우의 뒤를 잇는 동학의 제2대 교주가 되었지. 최시형 역시 동학이 세상을 구할 수 있다고 믿었어.

최시형은 동학을 널리 전하기 위해 신도들의 조직을 만들고, 경전을 많이 인쇄해 퍼뜨리는 등 노력을 기울였어. 그래서인지 동학은 경상도, 충청도, 전라도로 꾸준히 퍼져 나갔어.

또 제1대 교주인 최제우가 억울하게 죽었다는 것을 밝혀 명예를 회복하고, 동학을 자유롭게 믿을 수 있게 해 달라고 나라에 요구하기도 했어. 1892년에는 충청도 관찰사와 전라도 관찰사에게, 1893년에는 각 도의 대표 40여 명을 모아 왕에게 직접 상소하기도 했지.

학습 정리 퀴즈

5권으로 넘어가기 전에 잠깐! 퀴즈를 풀면서 4권에서 배운 내용들을 정리해 보자. 정답은 144쪽에 있는데, 다 풀고 보기다!

1 다음은 선비들의 무리를 이르는 말이야. 이처럼 정치적 뜻을 같이하는 사람들의 모임을 통틀어 무엇이라고 부를까? (   )

| 남인 | 서인 | 동인 | 북인 |

① 붕당　　　　　　② 붕우
③ 당쟁　　　　　　④ 세도

2 조선 제21대 임금 영조가 어느 정치 무리의 편도 들지 않고 공평하게 나라를 다스리기 위해 펼친 정책은 무엇일까? (   )

① 탕평비　　　　　② 탕평채
③ 당쟁 정책　　　　④ 탕평책

3 다음에서 설명하는 세금 정책은 무엇일까? (   )

> 영조는 양인 남자의 숫자를 정확히 조사해, 이를 바탕으로 억울하지 않게 군포(군대에 가는 대신 내는 세금)를 내도록 하고, 군포의 부담도 2필에서 1필로 줄여 주었다.

① 대동법　　　　　② 의창
③ 상평창　　　　　④ 균역법

4 다음 중 조선 제22대 임금 정조가 한 말이 무엇인지 골라 봐. (   )

① "나는 소현 세자의 아들이니라."
② "내가 왕실 도서관 규장각을 만드니, 관리들은 학문에 힘쓰라."
③ "탕평책이 다 뭐야, 그런 정책은 없애 버려!"
④ "서얼은 비천한 신분으로, 벼슬에 절대 나갈 수 없다!"

5 다음 설명이 무엇에 대한 것인지 알겠니? (   )

- 사도 세자의 묘를 옮긴 다음, 주변에 건설한 성이다.
- 정약용이 설계한 성이다.
- 읍성과 산성의 기능을 고루 갖춘 성이다.
- 성의 가장 큰 문은 북쪽 장안문이다.

① 안시성　　　　　② 오녀산성
③ 수원 화성　　　　④ 경복궁

6 정조 임금은 김만덕이라는 제주 여인을 한양으로 불러 소원을 들어주었어. 왜 그랬는지 기억나니? (   )

① 김만덕의 미모에 반해서
② 김만덕에게 빌린 돈이 있어서
③ 김만덕에게 물건을 사려고
④ 김만덕이 재난을 당한 백성들을 도왔기 때문에

7 조선 시대 성리학에서 여성이라면 모름지기 따라야 할 세 가지, 말하자면 여자가 어릴 때는 '아버지'를 따르고, 혼인하면 '남편'을 따르고, 늙어서는 '아들'을 따르라는 가르침을 무엇이라고 하는지 아니?
(   )

8 다음은 조선 시대 그려진 유명한 그림이야. 이 작품의 이름과 이 작품을 그린 작가를 알아맞혀 봐.

㉠ 작품 제목 (   )

㉡ 작가 이름 (   )

9 위 그림을 그린 작가의 다른 작품인 <씨름>, <타작>처럼 백성들의 솔직한 삶을 그린 그림을 무엇이라고 부를까? (   )

① 산수화　　　　　　② 풍속화
③ 진경화　　　　　　④ 풍경화

10 다음 빈칸에 들어갈 알맞은 말을 순서대로 연결한 것을 골라 봐. (   )

> 1783년 이승훈은 청나라로 갔어. 막중한 임무가 하나 있었거든. 바로 천주당에 가서 ○○○ 신부를 만나는 것이었어. 그는 한자로 글을 써 가며 신부에게 교리를 천천히 배웠고, 1784년 2월에 드디어 ○○을/를 받았어.

① 천주교 – 세례　　　② 중국인 – 세례
③ 동양인 – 세배　　　④ 동양인 – 가례

11 조선에서 천주교를 믿는 것은 금지되어 있었어. 그럼에도 백성들 사이에서 비밀스럽게 퍼져 나갔는데, 그 이유로 옳지 않은 것은 무엇일까? (　　　)

① 양반과 중인, 평민이 평등하다고 가르쳤기 때문에
② 누구든 죽으면 천국에 갈 수 있다고 했기 때문에
③ 남자와 여자의 구별이 옳지 않다고 했기 때문에
④ 유교 예법을 꼭 지켜야 한다고 했기 때문에

12 다음에서 설명하는 책이 무엇인지 아니? (　　　)

> 중국에 와서 활동하던 서양 선교사 마테오 리치가 동양에 천주교를 전파하기 위해 쓴 책이다. 천주교 입장에 선 서양 선비와 유학의 입장에 선 중국 선비가 토론하는 내용을 담고 있다.

13 아래의 인물들과 관련 있는 학문은 무엇일까? 힌트를 주자면, 백성들의 삶이 나아지도록 하고 실생활에 도움을 주기 위해 생겨난 학문이야. (　　　)

> 이익　　　유형원

① 실생활학　　　② 현실학
③ 실학　　　　　④ 동학

14 이익이 지은 《성호사설》에 대한 설명으로 틀린 것을 하나 골라 봐. (　　　)

① 일종의 백과사전이라고 할 수 있다.
② 이익이 써 둔 기록들을 집안 조카들이 정리한 책이다.
③ 학문을 현실에 어떻게 이용할 수 있는지에 대한 내용이 담겨 있다.
④ 서양의 지식은 오랑캐 것이라며 절대 받아들이지 않았다.

15 조선 시대 큰 인기를 모았던 박지원의 작품과 설명을 바르게 이어 봐.

① 《양반전》 •　　　　　　• ㉠ 천하지만 의롭고 진실한 거지 두목의 이야기
② 《예덕선생전》 •　　　　• ㉡ 청나라에서 겪은 일을 쓴 기행문
③ 《광문자전》 •　　　　　• ㉢ 똥을 치우지만 행동이 향기로운 사람 이야기
④ 《열하일기》 •　　　　　• ㉣ 양반 신분을 사려 했던 한 부자의 이야기

16 《양반전》, 《열하일기》 등 박지원의 소설이 인기를 끌었던 이유가 <u>아닌</u> 것을 골라 봐. (　　　)

① 허세 부리는 양반의 모습을 꼬집어서
② 사투리, 속어 등 백성들이 실제 사용하는 말을 거침없이 써서
③ 웃기고 재미있어서
④ 유교 예법과 성리학 사상만을 강조해서

17 다음은 정조 시대 유능한 관리였던 정약용이 만든 첨단 기계들이야. 사진과 설명을 보고 기계의 이름을 써 보렴.

㉠ 일반 수레의 불편한 점을 보완해 빠르고 가볍게 물건을 운반하도록 한 수레

(　　　　　　　　)

㉡ 도르래의 원리를 이용해 물건을 들어올릴 수 있게 한 기계

(　　　　　　　　)

18 정약용을 지지해 주던 정조가 죽은 뒤, 정약용은 유배를 떠나야 했어. 오랜 유배 기간 동안 정약용은 무엇을 했을까? (   )

① "억울해서 못 살겠다." 하며 화병으로 죽었다.
②《목민심서》,《경세유표》등 백성들의 삶을 위한 책을 지었다.
③ 제자들을 모은 뒤 도산 서원을 세웠다.
④ 동네 어부들과 매일 고기잡이를 나갔고, 물고기에 대한 책을 썼다.

19 다음 글과 관련 있는 우리 역사 속 사건은 무엇인지 골라 볼래? (   )

> "조정에서는 서쪽 땅을 썩은 땅처럼 버리고, 심지어 권세 있는 집 노비들조차도 서쪽 사람들을 보면 반드시 평안도 놈이라고 하오. 또 현재 임금이 나이가 어리니 권세 있는 간신배가 점점 기승을 부려 나라를 자기 마음대로 하고 있소."

① 홍경래의 난　　② 홍건적의 난
③ 만적의 난　　　④ 망이·망소이의 난

20 김정호가 만든 '이 지도'는 실제 크기가 가로 3.8미터, 세로 6.7미터나 돼. 1861년에 만들어졌지만 오늘날 제작된 지도와 큰 차이가 없을 만큼 정확하지. 접을 수도 있고, 적절한 기호를 써서 알아보기 쉽게 한 '이 지도'는 무엇일까?
(　　　　　　　)

21 최제우가 창시한 동학에 대한 설명이야. 옳은 것을 골라 볼래? (   )

① '인내천', 그러니까 사람이 곧 강이라고 주장했다.
② 상민과 양반의 구별은 없지만 남자와 여자의 구별은 분명히 있다고 했다.
③ 서학과 동학이 힘을 모아 세상을 구해야 한다고 했다.
④ '후천 개벽', 그러니까 백성이 원하는 새 세상이 올 거라고 했다.

찾아보기

ㄱ
강세황 58~61
거중기 96
《경세유표》 99
경종 16, 17
〈곤여 만국 전도〉 67
《과정록》 87
관군 105~108, 110
《광문자전》 79, 80, 82
광해군 12
군역 23
군포 23
권일신 70, 74
권철신 44
규장각 28, 29, 86, 115, 119
균역법 19, 22, 23
김만덕 46~55
김범우 71, 72
김사용 105, 106
김정호 112~125
김조순 104
김홍도 56~65
김효원 11, 12

ㄴ
나흥유 116
남인 11~16, 29, 32~34, 38, 39, 71~75, 85, 92, 97, 98
노론 12, 15~21, 25~29, 33, 34, 72, 74, 75, 79, 85, 90~94, 97~99, 104

ㄷ
〈대동여지도〉 112~115, 119~125
《대동지지》 120, 121
도화서 59, 62, 65
《동경대전》 131
〈동국지도〉 125
《동사강목》 44
동인 11
동학 127, 130~135
동학 농민 운동 111, 134, 135

ㅁ
마테오 리치 67, 77
《만덕전》 54
망루 35
명동 성당 71, 72
명례방 71
모내기법 47
《목민심서》 99, 101
무수리 15, 17

ㅂ
박제가 81, 86
박종채 87
박지원 78~89
베이징 62, 66~68, 77, 81, 82
변상벽 60
병자호란 30, 39
봉기 103~111
봉돈 35
〈봉역도〉 125
북인 11, 12
북학파 81, 85

붕당 10~14, 17~19, 29, 38
비변사 119

ㅅ
사도 세자 20, 24~28, 33, 35, 62, 91~93, 95
사림파 10, 11
사서삼경 26
삼년상 94, 96, 97
삼종지도 55
상소 39, 135
〈서당〉 57, 58, 61
서북공심돈 35
서얼 22, 28, 29, 32
서인 11~16
서장대 35
서학 31, 32, 40, 67, 85, 93, 97, 126, 127, 128, 134
선조 11
성균관 91
성리학 39, 55, 67, 73, 85, 99, 100, 126, 127
《성호사설》 45
《성호사설유선》 45
세도 정치 104, 105
세례 66, 68~70, 76
세손 24~28, 60
소론 12, 15~20, 25, 29, 33
소작농 42
소현 세자 67
수렴청정 34, 98, 104
수원 화성 30, 35, 92, 96
숙종 10~16, 38

순교자 72
순조 33, 98, 104, 111
신유박해 75
신윤복 65
신한평 65
실학 36, 40, 41, 45
심의겸 11
〈씨름〉 61

ⓞ
아담 샬 67
안동 김씨 104, 111
안정복 36, 37, 43, 44, 77
암행어사 97, 101
《양반전》 79, 80, 82, 87~89
양성지 116
역적 39, 110
연잉군 15~17
《열하일기》 79, 82, 84
영조 10~29, 34, 59, 60, 98
《예덕선생전》 79, 87
〈오천축국도〉 125
《용담유사》 131
우군칙 105, 106
유득공 81, 86
유배 38, 74, 75, 98, 99, 100
유형거 96
윤영 116
윤지충 73, 74
이가환 44, 54, 75
이벽 67~74, 77, 98
이승훈 66~77, 98
이익 36~45, 77

이잠 38, 39
이희저 105
인내천 132
인현 왕후 13~16
임진왜란 12, 39, 55

ⓩ
장 희빈 13~16, 39
장안문 35
장용영 29
정순 왕후 33, 34, 98, 104
정약용 35, 44, 71, 75, 77, 90~101
정약전 75, 98
정약종 75, 98
정조 22, 24~35, 50~53, 60~64, 72~75, 81, 84~87, 90~98, 100, 104, 128
정주성 107, 108, 110
정후겸 27
《조선어독본》 114, 116, 121
종묘사직 27
《중용》 91
진주 농민 봉기 111

ⓒ
채제공 53, 54, 92
천리경 67
천주교 43, 66~77, 85, 97, 98, 126, 127, 132, 133
천주당 66, 68
《천주실의》 77
〈청구도〉 119, 121
청나라 10, 39, 62, 66, 67, 73, 81, 82, 84, 86, 87

최시형 133, 135
최제우 126~135
최한기 117, 119
추쇄관 제도 32

ⓔ
〈타작〉 61
탕평비 20
탕평책 10, 19, 20, 29, 72

ⓟ
판소리 57
풍속화 58, 61, 65

ⓗ
행차 92
현종 10, 12
혜경궁 홍씨 28
〈혼일강리역대국도지도〉 125
홍경래 102~111
홍국영 28, 81
홍대용 81
화원 59, 60, 65
효종 10, 12
후천 개벽 132
훈구파 10, 11
흥선 대원군 115, 119, 121, 122

사진 출처

35쪽 **수원 화성 장안문** - 두피디아
45쪽 **《성호사설유선》** - 국립중앙박물관
57쪽 **〈서당〉** - 국립중앙박물관
65쪽 **〈연못가의 여인〉** - 국립중앙박물관
71쪽 **명동 성당** - 두피디아
77쪽 **《천주실의》** - 한국천주교순교자박물관
113쪽 **〈대동여지도〉** - 서울대학교 규장각한국학연구원
123쪽 **〈대동여지도〉 책, 〈대동여지도〉 목판** - 국립중앙박물관
125쪽 **〈혼일강리역대국도지도〉** - 한국학중앙연구원
140쪽 **유형거, 거중기** - 위키피디아

- 길벗스쿨은 이 책에 실린 사진의 출처를 찾기 위해 최선을 다했습니다. 누락이나 착오가 있다면 다음 쇄를 찍을 때 꼭 수정하겠습니다.

학습 정리 퀴즈 정답

1. ①
2. ④
3. ④
4. ②
5. ③
6. ④
7. 삼종지도
8. ㉠-서당, ㉡-김홍도
9. ②
10. ①
11. ④
12. 《천주실의》
13. ③
14. ④
15. ①-㉣, ②-㉢, ③-㉠, ④-㉡
16. ④
17. ㉠-유형거, ㉡-거중기
18. ②
19. ①
20. 〈대동여지도〉
21. ④